実践!!

業務委託契約書審査の実務

出澤総合法律事務所［編］　牛山琢文・丸野登紀子・若狭一行・稲田祥子［著］

学陽書房

はしがき

　本書に先行して出版した『実践!!　契約書審査の実務〈改訂版〉』(先行書)では、典型的な契約類型について広く契約条項の修正のポイント等を解説し、好評を得て、改訂版を刊行するに至った。そこでこのたび、つまずきやすい類型ごとにこれをシリーズ化する運びとなった。

　シリーズの第2弾となる本書では、企業においてよく目にする業務委託契約という契約類型に絞り、契約条項全般について法務担当者が共通に抱く疑問点について、その考え方を示したものである。

　業務委託契約は、委託される業務の内容が多岐にわたり、その内容によって法的性質も異なるうえ、非常に紛争になりやすい契約類型である。このような点から、契約書の審査にあたり注意を要する契約類型であるといえる。また、仮に紛争になった場合には、解決までに時間を要することも多い。さらに、新民法の下においては、請負の担保責任や報酬に関する規定が改正されていることから、旧民法の下の規定との違いを認識しておく必要もある。

　本書では、業務委託契約において紛争の原因となりやすい条項ごとに、紛争防止に資する条項の定め方やチェックポイントをまとめ、法務担当者が日ごろ抱える疑問等の解消を図っている。業務委託契約の内容は多種多様であるが、本書でまとめた基本を押さえれば、どのような内容の業務委託契約にも対応できることを実感していただけるだろう。

　もとより、業務委託契約書に限らず、契約書を審査するにあたって基本となる考え方や、契約書一般にも適用できる条項等を取り上げているため、契約書審査の勘所をもつかむことができる内容となっている。

　新民法との関係では、施行日である2020年4月1日まで1年を切り、契約書の見直しを検討している法務担当者も多いことから、契約書一般における見直しのポイントを第1章において解説した。

本書は、先行書と同じく、企業の担当者から弁護士、司法書士、行政書士等の専門家まで、契約書作成・審査の実務に携わるすべての方々を読者として想定している。

　執筆者のバックグラウンドは様々であるが、いずれも業務委託契約の実務経験豊かな弁護士である。本書は実務書という位置づけであり、わかりやすさを優先し、ポイントに絞って解説したことから、学術的な精緻さに欠ける部分もある。また、先行書では典型的な契約類型を広く取り扱っていることから、本書の内容が先行書と重複している部分があることはご容赦いただきたい。

　裁判例と実務を中心に解説したが、判決文も任意の箇所を引用し、適宜要約し、下線を引くなど原文と異なるニュアンスが生じている可能性がある。そこで、裁判には、掲載されている法律雑誌等を明示し、疑問点等は原文で確認しやすいようにした（なお、当該法律雑誌のほか裁判所ＨＰに掲載されている裁判例も多い）。また、根拠となる法律の条文も付記し、該当条文にもあわせて目を通すことにより理解が深まることを期待した。

　ひな形は、請負型と準委任型を掲載したが、本文中の同契約の解説においては、便宜上、条項の内容を変更している場合がある。

　最後に、本書執筆にあたりお世話になった学陽書房の伊藤真理江氏、石山和代氏に深く感謝する次第である。

2019年6月

　　　　　　　　出澤総合法律事務所　弁護士　丸野　登紀子

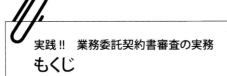

実践!! 業務委託契約書審査の実務
もくじ

はしがき ……………………………………………………………………………… ii
凡例 …………………………………………………………………………………… viii

第1章 改正民法をめぐる契約書審査の全体像

Ⅰ 新民法による影響の全体像 …………………………………………… 2
ケース1 民法改正が各種取引や他の法令に与える影響

Ⅱ 新民法の施行時期と経過措置 ………………………………………… 8
ケース2 施行時期と経過措置についての基本と例外

Ⅲ 新民法の施行時期と施行日前に締結された契約 ………………… 12
ケース3 施行日前に締結された契約についての適用関係

Ⅳ 消滅時効の時効期間はどのように変わるのか …………………… 16
ケース4 債権と時効

Ⅴ 時効の完成猶予と更新 ………………………………………………… 21
ケース5 消滅時効による債権消滅を防止するための方法

Ⅵ 法定利率・中間利息控除の改正と影響 …………………………… 26
ケース6 法定利率の適用のタイミング

Ⅶ 保証契約の内容・条項はどのように変わるのか ………………… 31
ケース7 事業上の契約が個人保証を要する場合

Ⅷ 定型約款に関する規定の新設 ……………………………………………… 36
　ケース8　定型約款による契約成立の要件

Ⅸ 売買に関する契約はどう変わるのか …………………………………… 41
　ケース9　不動産の売買取引

第2章　業務委託契約書審査全般のポイント

Ⅰ 業務委託契約の法的性質 …………………………………………………… 46
　ケース10　業務委託契約書審査・作成についての留意点

Ⅱ 契約の目的 ……………………………………………………………………… 52
　ケース11　目的条項に詳細な取り決めを設けるべきか

Ⅲ 契約の成立 ……………………………………………………………………… 57
　ケース12　契約の成立条件を定める条項

Ⅳ 引渡し・検収と報酬の支払い …………………………………………… 61
　ケース13　「納入」「検収」という用語の意味合いと留意点

Ⅴ 損害賠償 ………………………………………………………………………… 65
　ケース14　業務委託契約書に損害賠償条項が存在しない場合

Ⅵ 遅延損害金 ……………………………………………………………………… 72
　ケース15　業務委託契約に遅延損害金額の定めが存在しない場合

Ⅶ 債権譲渡条項の考え方 ……………………………………………………… 75
　ケース16　債権譲渡禁止条項についての考え方

Ⅷ 再委託 …………………………………………………………………………… 80
　ケース17　再委託の可否と留意点

Ⅸ 契約の解除 84
ケース18 契約解除条項についての留意点

Ⅹ 継続的契約の終了 90
ケース19 契約の期間・更新に関する条項と契約の終了

第3章 請負型・業務委託型の業務委託契約書審査のポイント

Ⅰ 業務の内容 96
ケース20 業務の内容を契約書とは別途定めることとする条項

Ⅱ 対価等の支払い 100
ケース21 対価の範囲と額、支払方法について定める条項

Ⅲ 瑕疵担保責任・契約不適合責任 105
ケース22 旧民法の下で作成された瑕疵担保責任条項の修正

Ⅳ 中途解約 110
ケース23 中途解約に関する定めが置かれていない場合の解約の可否

Ⅴ 所有権と危険負担の移転時期 114
ケース24 所有権の移転時期を定める条項と危険負担の関係

第4章 準委任型の業務委託契約書審査のポイント

Ⅰ 業務の内容 120
ケース25 委託業務の内容を明確にする条項

Ⅱ 対価等の支払い 124
ケース26 対価の範囲と額、支払方法について定める条項

Ⅲ 中途解約 ……………………………………………………………………………… 129
ケース27 契約期間のみが定められている場合の解約の可否

巻末資料（ひな形）
ひな形1 業務委託契約書（請負型） ……………………………………… 136
ひな形2 業務委託契約書（準委任型） …………………………………… 145

凡　例

○　法令等の内容は、2019年5月15日現在公布のものによります。
○　判決や条文に引いた下線は、著者によるものです。
○　本文中、法令等及び資料、判例、書籍を略記した箇所があります。次の「略記表」を参照してください。

■法令その他

〈略記〉	〈法令名等〉
民	民法
旧民・旧民法	民法の一部を改正する法律（債権関係）（平成29年法律第44号）施行前の民法
新民・新民法	民法の一部を改正する法律（債権関係）（平成29年法律第44号）施行後の民法
改正法（附則）	民法の一部を改正する法律（債権関係）（平成29年法律第44号）（附則）
商	商法
個人情報保護法	個人情報の保護に関する法律
下請法	下請代金支払遅延等防止法

〈条文の表記〉
民617 Ⅰ①　　民法第617条第1項第1号

■判例

最判（決）	最高裁判所判決（決定）
高判	高等裁判所判決
地判	地方裁判所判決

■資料

民集	最高裁判所民事判例集
裁判集民事	最高裁判所裁判集民事
判時	判例時報
判タ	判例タイムズ
金判	金融・商事判例

〈判例の表記〉
最判平22.6.1民集64・4・953　最高裁判所民事判例集64巻4号953頁

■書籍

一問一答	筒井健夫（法務省大臣官房審議官）・村松秀樹（法務省民事局参事官）編著『一問一答 民法（債権関係）改正』商事法務、2018年3月

第1章

改正民法をめぐる契約書審査の全体像

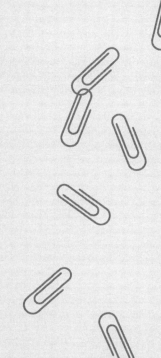

I 新民法による影響の全体像

ケース1

民法改正が各種取引や他の法令に与える影響

　民法改正が各種取引に与える影響はどのようなものか。
　また、民法改正により民法以外の法律に与える影響はどのようなものか。

Point

- 新民法においては改正されるのは、「第1編　総則（旧民1条～174条の2）」のうち「人」「法律行為・時効」の分野と、「第3編　債権（旧民399条～724条）」のうち「事務管理・不当利得」を除く広範囲な部分である。
- 改正点は多岐に及ぶが、本章では以下のポイントに絞って触れる。①消滅時効制度の改正、②法定利率の引下げ・変動制度の創設、③保証人保護の方策の拡充、④定型約款に関する規定の新設、⑤売買に関する改正

❶ 新民法が各種取引に共通して与える影響

(1)　消滅時効制度

　　新民法では、職業別の短期消滅時効の制度を廃止し、また、商法の定める商事時効も廃止し、消滅時効期間を一本化した。また、消滅時効期間について、旧民法の「権利を行使することができる時から10年間」（客観的起算点）という規律に加え、「債権者が権利を行使することができ

ることを知った時から5年間」（主観的起算点）という新たな規律が設けられた（新民166Ⅰ①）。

加えて、時効の中断・停止の制度が時効の更新・完成猶予の制度に改められた（新民147以下）。実質的な変更としては、①仮差押え、仮処分が時効の完成猶予の効果しか有しないこと、②権利について協議を行う旨の合意による時効の完成猶予の制度が創設されたことなどがある（第1章Ⅴ「時効の完成猶予と更新」参照）。

以上を踏まえ、時効期間の管理に留意する必要がある。

(2) 法定利率の変動制

利息の算定、遅延損害金の算定および中間利息控除の算定において実務上用いられる法定利率は、民法制定以来年5％とされてきたが、これが新民法施行当初においては年3％に引き下げられる。そして、また、金利動向は今後も変動し、市中の金利水準と大きく乖離する状況も予測されることから、一定の指標を基準に3年毎に法定利率が自動的に見直される変動制が導入される（新民404Ⅲ）。

これに伴い、利息、遅延損害金および中間利息控除の各算定において用いる際、いつの時点の法定利率を用いるのかについても規定されている（利息については、その利息が生じた最初の時点における法定利率を用いるものとされている。）（第1章Ⅵ「法定利率・中間利息控除の改正と影響」参照）。

(3) 定型約款制度

新民法では、定型約款制度に関する規定が新設された。「定型約款」とは、「定型取引において、契約の内容とすることを目的としてその特定の者により準備された条項の総体」をいう。

したがって、定型取引を行う企業は、当該定型取引に使用される約款が新民法における「定型約款」の要件を充足しているかを検討する必要がある。そのうえで同約款の契約締結方法・変更の方法が、それぞれ新民法が定める方法を充足しているか（変更については、個別の変更内容

が合理的なものかなど）について検討する必要が生じる（第1章Ⅷ「定型約款に関する規定の新設」参照）。

❷ 本ケースの考え方

(1) 新民法が各種取引に与える影響

新民法が各種取引に与える影響は多岐にわたるが、ここでは、契約実務に与える影響のうち特に重要と思われる事項について触れる。

① 売　買

売買取引における瑕疵担保責任制度が、種類、品質または数量に関して契約内容に適合しないことの責任（以下「契約不適合責任」という）の制度に改められた（新民562以下）。旧民法における「瑕疵」は判例（最判平22.6.1民集64・4・953、最判平25.3.22判時2184・33）において、「契約の内容に適合しないこと」であると解釈されており、新民法は、判例の解釈する「瑕疵」の具体的な意味・内容を明文化することを意図したものといえる【一問一答P.274、275】。

したがって、従来の「瑕疵」の内容が変わるわけではないが、契約内容がより重視される可能性がある点で、契約の作成において注意が必要になるといえる（第3章Ⅲ「瑕疵担保責任・契約不適合責任」参照）。

なお、売買の規定は、他の有償契約にも準用されるので（民559）、請負等も売買と同じ規律になる。

② 請負契約

新民法では、請負特有の瑕疵担保責任の規定について、売買の担保責任の規定を準用し、売買と重複する規定を削除している。これは、同じ有償契約である売買の契約不適合責任の規定が準用されるためである。

旧民法635条ただし書は、「仕事の目的物に瑕疵があり、そのために契約目的を達成できない場合」であっても、請負の目的物が建物そ

の他の土地の工作物である場合は、注文者は契約の解除をすることができないとしていたが、新民法においてはその制限は撤廃された。

③　賃貸借契約

　　賃貸借の存続期間の上限が20年から50年に変更された（新民604Ⅰ）。本規定は強行規定であると解されているため、借地借家法の適用を受けないゴルフ場や発電設備のための賃貸借契約などは20年までの賃貸借しかできないことになっていたが、改正によって、より長期の賃貸借期間の設定が可能になった。

　　また、不動産譲渡時における賃貸人の地位の移転に関する規定が新設された（新民605の2）。不動産の譲渡人及び譲受人が、賃貸人たる地位を譲渡人に留保する旨およびその不動産の譲受人が譲渡人に当該不動産を賃貸する旨の合意をしたときに賃貸人たる地位が譲受人に移転しない旨の規律等が整理されており、不動産における流動化取引を中心に、影響が大きい。

　　さらに、賃貸借契約に付随して保証契約が締結される場合においては、後記⑤に述べた改正による影響がある。

④　消費貸借契約（貸付契約）

　　新民法では、諾成契約としての消費貸借契約を書面で締結できるようになった。旧民法の下でも判例が諾成的な消費貸借契約を認めていたが、新民法では、成立、解除等の要件を明確にしたため注意が必要である（新民578の2参照）。

⑤　保証取引

　　新民法においては、個人の保証人保護の観点から、①保証の基本的な内容に関する改正（連帯保証人に対する履行請求の絶対効を原則として相対効とする（新民458、441）等）、②保証人に対する情報提供義務の新設（新民465の10、458の2、458の3）、③根保証契約の見直し（新民465の2以下）、④公証人による保証意思確認の手続の

新設（新民465の6以下）に関する改正が行われている。

　金融取引、賃貸借取引等保証を伴う取引に与える影響は大きい。

⑥　債権譲渡

　旧民法においては債権譲渡を禁止する旨の特約がある場合、これに違反する債権譲渡は、譲受人が悪意または重過失のときは無効とされていたが、新民法ではこれが有効とされる。なお、譲渡禁止特約につき譲受人が悪意または重過失の場合の譲渡については、譲受人に対する弁済の拒否（譲渡人への弁済）をすることができる。また、「譲受人が悪意または重過失」か否かを債務者は把握できないことから、「譲受人が悪意または重過失」か否かにかかわらず、供託等による債務者の保護も引き続き図られている（新民466の2）。

　また、異議を留めない承諾の制度が廃止されている点にも留意が必要である。債務者が異議を留めない承諾をしても、債務者の抗弁権は維持される。そのため、債務者が抗弁権を放棄しない限り、債権の譲受人は、抗弁権の対抗を受けることになる。したがって、これまで抗弁がないことを前提として譲り受けをしていた取引においては、今後は債務者に抗弁を放棄させる必要が生じる。

(2)　新民法が民法以外の法律に与える影響

　民法改正に伴い、関連する法律についても「民法の一部を改正する法律の施行に伴う関係法律の整備等に関する法律」により必要な改正がなされている。その数は以下①から④のほか200以上にものぼる。

①　破産法、会社更生法、民事再生法

　詐害行為取消権の改正に伴い、各倒産手続において否認権が行使された場合の転得者の権利等にかかる規定が新設されている。

　また、否認権の行使期間が、否認権行使の対象となる行為の時から10年間に変更されている（新破産法170、176等参照）。

② 商　法

　　法定利率の改正に伴い、商事法定利率にかかる規定（商514）が廃止された。

　　また、消滅時効制度の改正に併せ、商事消滅時効（商522）が廃止された。

③ 製造物責任法

　　不法行為による損害賠償請求権の長期の期間制限について、除斥期間でなく消滅時効とされたこと（新民724等）に伴って同様の改正が行われた。

　　また、生命身体の損害にかかる損害賠償責任について時効期間を延長する旨の特則を設けること（新民724の2）に伴い、同様の特則が新設された。

④ 鉄道営業法・航空法・道路運送法等

　　定型約款を契約の内容とする旨の表示が困難な取引（電車、バス等の乗車契約）についてはその旨の「公表」で足りる旨の特例措置が新設された（鉄道営業法18の2等）。

Ⅱ 新民法の施行時期と経過措置

ケース2

施行時期と経過措置についての基本と例外

　新民法施行日前の契約に基づく債権が、施行日以後に発生した。この債権の時効期間は、新民法によるのか、旧民法によるのか。
　また、この債権が施行日前に発生していた場合の扱いはどうなるのか。

Point

- 新民法の施行日は、一部の規定を除き、2020年4月1日である。
- 施行日が到来してもすべての行為、取引に新民法が適用されるわけではない。
- 施行日前の取引に、新民法が遡って適用されることは原則としてない。
- 新民法が適用される範囲は、改正法附則の「経過措置」が定めている。
- 施行日の前後にまたがる取引は、経過措置の内容を確認することが必要となる。
- 消滅時効などに関する改正の経過措置については、例外的な取扱いに注意が必要である。

❶ 新民法の施行時期と経過措置についての基本的な考え方

(1) 新民法の施行時期

　新民法の施行時期は、「公布の日から起算して3年を超えない範囲内において政令で定める日」である（改正法附則1）。「公布の日」は平成

29年（2017年）6月2日である。

　具体的な施行時期については、「民法の一部を改正する法律の施行期日を定める政令」により、2020年4月1日と決定されている。

　例外的に、1保証の一部（公証人による保証意思確認手続）については2020年3月1日（改正法附則21Ⅱ・Ⅲ）、2定型約款については平成30年（2018年）4月1日から施行される（改正法附則33Ⅲ）。

(2)　経過措置の基本的な考え方

　新民法の規定が適用される範囲を定めているのが、改正法附則2条から36条までの「経過措置」である。

　施行日が到来しても、原則として、すでに存在する取引に新民法が遡って適用されるわけではない。旧民法が適用されることについての当事者の期待・予測を損ない、取引の安定性を害しないようにするためである。したがって、原則として、新民法は施行日以後に締結した契約および施行日以後に生じた債権債務に限り適用される。

❷ 新民法の経過措置の例外（注意が必要な経過措置）

　経過措置の中には、個別の規定の事情を考慮し、例外的に新民法の適用範囲を拡張しているものがある（時効の中断、停止、法定利率、弁済の充当・相殺、定型約款、賃借人による妨害排除請求権、不法行為による損害賠償請求権の消滅時効）。

❸ 消滅時効に関する経過措置

(1)　時効の中断・停止（更新・完成猶予）に関する経過措置

　時効の中断・停止（新民法においては時効の更新・完成猶予）に関しては、時効の中断・停止の原因となる事由の発生時点を新旧いずれの民法が適用されるかの基準時としている（改正法附則10Ⅱ・Ⅲ）。すなわち、旧民法の下で生じた債権であっても、新民法の下で時効の中断・停止事由が生じた場合は、その中断・停止については、新民法の時効の更新・完成猶予の制度が適用されることになる（なお、新民法の下におけ

る更新・完成猶予の詳しい内容は第１章Ⅴ「時効の完成猶予と更新」を参照）。

　これは、①これらの事由が生じることによって初めて現実に問題となるものであること、②「中断・停止」と「更新・完成猶予」という２つの制度が長期間併存すると、時効をめぐる法律関係が複雑化するため、これを回避することの二点が理由である。

(2)　消滅時効期間に関する経過措置

　消滅時効期間に関する規定の改正については、施行日前に生じた債権については旧民法が適用され、施行日以後に債権が生じた場合には新民法が適用される（改正法附則 10 Ⅳ）。

　これは、当事者は時効の対象である債権が生じた時点における法律が適用されると予測、期待するのが通常であると考えられることが理由であるとされる。

　ただし、契約等の法律行為によって債権が生じた場合については、「その原因である法律行為」（改正法附則 10 Ⅰ参照）がなされた時点が新民法適用の基準時となる。

　そのため、施行日前の契約に基づく停止条件付債権の条件の成就が施行日以後だった場合、債権の発生が施行日以後であっても、契約締結時が新民法適用有無の基準となるため、旧民法が適用されることに留意が必要である。例えば、次の３種類の債権については、いずれも各契約の締結時期が施行日前であれば、旧民法が適用される。(a) 売買契約の売主が契約に適合しない目的物を引き渡した場合における買主の売主に対する損害賠償請求権（担保責任）、(b) 賃貸借契約の賃借人が必要費を支出した場合における必要費償還請求権、(c) 雇用契約の使用者が安全配慮義務を怠った場合における債務不履行責任としての損害賠償請求権。

(3)　不法行為による損害賠償請求権の消滅時効に関する経過措置

　不法行為による損害賠償請求権の消滅時効には、旧民法 724 条後段の長期の権利消滅期間を消滅時効期間とする改正、人の生命・身体の侵害

による不法行為に基づく損害賠償請求権の短期の権利消滅期間を5年に伸張する改正がなされている。

　不法行為による損害賠償請求権の消滅時効は、債権一般についての消滅時効期間が「債権発生時点」を新民法適用有無の基準時としている（改正法附則10Ⅳ）のとは異なり、例外的な適用がなされる場合もある。具体的には次の2つの場合が挙げられる。(a)「施行日」時点で除斥期間がすでに経過していなければ新民法の「長期の権利消滅期間を消滅時効期間と扱う改正」が適用される（改正法附則35）。(b) 同時点で消滅時効が完成していなければ新民法の「人の生命・身体への侵害による不法行為に基づく損害賠償請求権の短期の権利消滅期間を5年に伸張する改正」が適用される（改正法附則35）。

❹ 本ケースの考え方

(1)　時効期間の基準は契約締結時

　契約等の法律行為に基づく債権については、「その原因である法律行為」がなされた時点、すなわち本ケースでは、契約締結時（＝施行日前）が基準となる（改正法附則10Ⅰ参照）。したがって、旧民法によることになる。債権が施行日前に発生していたか否かは、結論を左右しない。

(2)　時効の中断・停止の基準は原因発生時

　本ケースの債権の時効を、（施行日以後に）中断・停止させたい場合、旧民法・新民法いずれの制度が適用されるか。

　前記のとおり、契約等の法律行為に基づく債権であっても、時効の中断・停止については、時効の中断・停止の原因となる事由の発生時点が新民法適用有無の基準時となる(改正法附則10Ⅱ・Ⅲ)。すなわち本ケースの債権は、新民法の時効の更新・完成猶予制度が適用されることになる。債権の発生時期は結論を左右しない。

　このため、施行日以後に改正により新たな完成猶予事由とされた「書面による協議の合意（新民151）をすることで時効の完成を猶予することができる。

Ⅲ 新民法の施行時期と施行日前に締結された契約

ケース3

施行日前に締結された契約についての適用関係

　新民法の施行日前に締結した不動産の賃貸借契約の契約期間の満了日が施行日以後となっていた。この賃貸借契約に付随して保証契約が締結されている。賃貸借契約がそれぞれ次のとおり更新された場合、更新後の賃貸借契約には新民法が適用されるのか。また、付随する保証契約には新民法が適用されるのか。
(1)　賃貸人・賃借人間で施行日以後に賃貸借契約更新の合意をした場合（保証人は当該合意の当事者となっていない）
(2)　契約期間満了後賃借人が対象不動産を継続して使用・収益し、賃貸人がこれを認識しながら異議を述べなかった場合（民法619条による更新）
(3)　借地借家法が適用される期間の定めのある賃貸借契約で、賃貸人が期間満了の6か月前までに更新しない旨の通知をしなかった場合（借地借家法26条による法定更新）

Point

- 施行日前の取引に、新民法が遡って適用されることは原則としてない。
- 施行日の前後にまたがる取引では、経過措置の内容の確認が必要。
- 施行日前に締結された契約が施行日以後に更新された場合には、更新の原因にも留意する必要がある。

❶ 施行日前に締結された契約には、新民法は原則として適用されない

　第1章Ⅱ「新民法の施行時期と経過措置」においても説明したとおり、新民法は施行日以後に締結した契約に限り適用されるのが原則である（改正法附則34Ⅰ参照）。ただし、経過措置の内容を確認する必要がある点もすでに述べた。

❷ 施行日前に締結された契約が施行日以後に更新された場合

　施行日前に締結され、旧民法が適用される契約の更新が施行日以後になされた場合は、新民法と旧民法のいずれが適用されるのか。
　契約の更新には（a）当事者の合意によるものと、（b）法律の規定に基づくものがある。
　このうち、（a）当事者の合意によるものは、契約の更新の合意の時点で、更新後の契約に新民法が適用されることについての当事者の期待があり、一方、旧民法が適用される期待を保護する必要性は低いと解されている。したがって、（a）の場合は更新後の契約に新民法が適用される。
　一方、（b）の更新は当事者の合意に基づかないものである。したがって、新民法が適用されることについての当事者の期待があるとはいえないため、引き続き旧民法が適用される。

❸ 本ケースの考え方

(1)　施行日以後に賃貸借契約が合意により更新された場合
　　施行日以後に賃貸人、賃借人間で合意により更新している場合は、前記❷のとおり、賃貸借契約については新民法が適用される。
　　ただし、保証契約については、賃貸借契約とは独立した契約であるので、保証契約の締結時を基準として新民法が適用されるか否かが判断されることになる。本ケース3（1）の事例において保証人は更新の当事者となっていないことから、保証契約には、新民法は適用されないものと解される。なお、賃貸借契約の更新に併せて、新たな保証契約が締結される場合または更新後の賃貸借契約についても適用される旨の合意がな

された場合は、当該保証については、保証に関する新民法の規定が適用されることになる（※保証契約に関しては、ケース3（2）（3）の場合であっても、本ケース3（1）と同様、別個の契約として新民法が適用されるか否かが判断される）。

(2) 民法619条による更新の場合

　ケース3（1）と異なり、本ケース3（2）は、当事者間の明示的な合意によらない更新の場面である。

　明示的な合意がないとしても、施行日以後に賃貸借期間が満了した後、賃借人が対象不動産を継続して使用・収益しており、賃貸人がこれを認識していたが、特に異議も述べず、賃料の支払・受領もそれぞれ継続していた場合、民法619条1項に基づき、「前の賃貸借と同一の条件で更に賃貸借をしたものと推定」される。

　同条項の趣旨は、賃借人が継続して使用または収益し、賃貸人がこれを認識していながら異議も述べていない場合には、さらにその契約を継続しようとする意思であるのが普通であるからであるとされ、当事者の意思の推定に基礎をおくものであるとされている（我妻栄著『債権各論中巻一　民法講義V2』（岩波書店、1957年）P.436）。

　このように当事者の意思が推定されるような場合である以上、本ケース3（2）の場合は、施行日以降に当事者の合意があったものと同様に取り扱われ、新民法が適用される。

(3) 借地借家法26条による更新の場合

　ケース3（2）と同様、本ケース3（3）は、当事者間の明示的な合意によらない更新の場面である。

　借地借家法26条は、期間の定めのある建物賃貸借について、「当事者が期間の満了の一年前から六月前までの間に相手方に対して更新をしない旨の通知又は条件を変更しなければ更新をしない旨の通知をしなかったとき」に従前の契約と同一の条件で契約を更新したものとみなす旨規定している。本ケース3（3）は当該規定により契約の更新がなされたも

のとみなされた場合である。

　同条に基づく法定更新の効力は契約当事者の意思の有無にかかわらず発生する。したがって、当事者に、更新後の契約に関して新民法が適用されることについての期待があるとはいえない。

　したがって、本ケース3（3）においては施行日以後の更新であっても、旧民法が適用されると解される。

　なお、借地借家法26条に基づく更新には、①契約の更新をしない旨の通知をしなかったことに基づく更新と、②契約の更新をしない旨の通知をしたが正当事由を欠いていたこと（借地借家法28）に基づく更新の二通りがある。いずれであっても、当事者の意思に基づく更新ではないことには変わりはないため、①、②いずれであるかにかかわらず、旧民法が適用される。

Ⅳ 消滅時効の時効期間はどのように変わるのか

ケース4

債権と時効

新民法の下において、契約に基づく以下の損害賠償請求権は、それぞれ、いつ時効により消滅するか。
(1) 履行遅滞から生じる損害賠償請求権（履行期限は2021年8月30日）
(2) 付随義務違反から生じる損害賠償請求権（損害発生は2021年8月30日、違反及び損害が判明したのは2024年8月30日）

- 新民法においては消滅時効期間が統一され、債権の種類による差異は原則としてなくなった。
- 一般的な債権の消滅時効期間は「権利を行使することができることを知った時」（＝主観的起算点）から5年間、「権利を行使することができる時」（＝客観的起算点）から10年間である。
- 不法行為による損害賠償請求権の消滅時効期間は、主観的起算点から3年間、客観的起算点から20年間である。
- 人の生命・身体の侵害による損害賠償請求権については上記が修正されており、不法行為か債務不履行かにかかわらず主観的起算点から5年間、客観的起算点から20年間である。

❶ 旧民法における消滅時効の「起算点」および「期間」

(1)　旧民法における原則

　　旧民法においては、消滅時効は、原則として、「権利を行使することができる時」から「10年間」である（旧民166、167）。

(2)　旧民法における2つの例外（職業別の短期消滅時効の特例と商事消滅時効）

　　上記（1）の例外として、①職業別の短期消滅時効の特例があり、一定の債権について、時効期間が3年、2年または1年とされていた（旧民170～174）。その趣旨は、特例の対象とされた債権は比較的少額であることから、早期に権利関係を決着させることにより、将来の紛争を防止するところにあると説明されていた。

　　また、②商行為によって生じた債権についても、消滅時効期間は5年間とされていた（旧商522）。

(3)　職業別の短期消滅時効と商事消滅時効の問題点

　　①職業別の短期消滅時効は、債権の種類毎に消滅時効の期間が細かく異なるため、適用の誤りの危険が生じるとの問題点があった。また、②多様な職業の出現により特例の適用を受ける債権に類似するにもかかわらず適用を受けない債権が生じる結果、規定自体の合理性に疑義があることが指摘されていた。

　　商事消滅時効についても商人である銀行の貸付債権が5年間となる一方で、商人ではない信用金庫の貸付債権の消滅時効が10年間となるなど差異の合理性の疑義が指摘されていた。

❷ 新民法における消滅時効の「起算点」および「期間」

(1)　債権の種別による消滅時効期間の差異の廃止
　　（職業別の短期消滅時効と商事消滅時効の廃止）

　　上記❶（3）のような問題点から、新民法では、旧民法170条から174

条までに定められた職業別の短期消滅時効の特例および商事消滅時効の特例が廃止された。これにより、原則として、債権の種類による消滅時効期間の差異はなくなった（ただし、下記（3）の例外も参照）。

(2) 客観的起算点と主観的起算点（2つの起算点と2つの期間）

新民法では、①権利を行使することができる時（客観的起算点）から10年間、という旧民法の消滅時効を維持したうえで、②権利を行使することができることを知ったとき（主観的起算点）から5年間という新たな消滅時効を導入し、①と②のいずれかが完成したときに消滅時効が完成、すなわち債権が消滅することとされた（新民166）。

これにより、原則として消滅時効期間を5年間と従前より短期間としたうえで、権利行使が、安全配慮義務違反に基づく損害賠償請求権のように客観的には可能であるにもかかわらず、可能であることを権利者が容易に知ることができない債権について、知らないうちに消滅時効により債権が消滅してしまうという不都合を防止することができる。

(3) 不法行為に基づく損害賠償請求権

上記の例外として、不法行為に基づく損害賠償請求権については、(2)と異なり、①客観的起算点から20年間、または②主観的起算点（被害者等が損害および加害者を知った時）から3年間で時効により消滅するとされた（新民724）。

(4) 人の生命・身体の侵害による損害賠償請求権についての例外

人の生命・身体の侵害による損害賠償請求権については、上記(2)および(3)と異なり、①客観的起算点から20年間、②主観的起算点（被害者等が損害および加害者を知った時）から5年間で時効により消滅するとされた（新民167、724の2）。これは法律構成（不法行為か債務不履行か）がいずれの場合でも同様である。

(5) 主観的起算点とは何か

（いつから、また、どのような要件を満たせば5年間の消滅時効が進行するのか）

新民法は、「債権者が権利を行使することができることを知った時」から時効期間が進行するとしている（新民166Ⅰ①）。これは債権者がその権利を実際に行使すべきことを期待できる状態にあるからである。

したがって、債権者が当該債権の行使をすることを期待できる状態、具体的には、①権利の発生原因についての認識、②権利行使の相手方の認識が必要であり、これらがあれば、「債権者が権利を行使することができることを知った時」に該当するといえると解される。

❸ 本ケースの考え方

(1) 履行遅滞から生じる損害賠償請求権と時効

履行遅滞の事案では、客観的な履行期限の到来および債務不履行と同時に、債権の発生、債務者および履行期限の到来を債権者が認識できるのが通常である。かかる認識を阻害するような特段の事情がない限り、2021年8月30日に、①客観的起算点、および②主観的起算点が到来している。したがって、②から5年の経過で時効により消滅する。

(2) 付随義務違反から生じる損害賠償請求権と時効

付随義務違反の事案では、客観的な履行期限の到来および債務不履行と同時に、債権の発生、債務者および履行期限の到来を債権者が認識できない場合が多い。

この場合、では2021年8月30日に損害が発生しており当該時点で①客観的起算点が到来しているが、義務違反および損害の発生が判明したのは2024年8月30日でありこのときが②主観的起算点である。

このように主観点起算点の到来が客観的起算点から5年以内（本ケースの事案は3年後）の場合は、主観的起算点から5年後（本ケースの事案では2029年8月30日）に時効により債権が消滅する。

なお、仮に当該損害が人の生命・身体に対するものである場合は、①

客観的起算点から 20 年間、または②主観的起算点（被害者等がおよび加害者を知った時）から 5 年間で時効消滅するとされている。よって本ケースにおいては、同様に、主観的起算点から 5 年後（本ケースの事案では 2029 年 8 月 30 日）に時効により債権が消滅する

〈消滅時効の決算点と期間〉

（旧民法）

債権の種類	起算点	時効期間
原則	権利を行使することができる時（客観的起算点）	10 年（旧民 167 Ⅰ）
例外① 職業別の短期消滅時効制度		1 年～3 年（旧民 170 ～ 174）
例外② 商事消滅時効		5 年（旧商 522）

（新民法）

債権の種類	起算点	時効期間
債権の種類による差異は原則としてない。（職業別の短期消滅時効、商事消滅時効の廃止）	権利を行使することができることを知った時（主観的起算点）	5 年（新民 166 Ⅰ①）
	権利を行使することができる時（客観的起算点）	10 年（新民 166 Ⅰ②）

新民法における例外	起算点	時効期間
一般的な不法行為に基づく損害賠償請求権	主観的起算点	3 年（新民 724 ①）
	客観的起算点	20 年（新民 724 ②）
人の生命・身体の侵害による損害賠償請求権	主観的起算点	5 年（新民 724 の 2）
	客観的起算点	20 年（新民 724 の 2）

V 時効の完成猶予と更新

ケース5

消滅時効による債権消滅を防止するための方法

新民法施行後に締結された契約に基づく業務委託料支払請求権（2025年10月31日支払期日）について、委託者Yが、債務不履行を理由に支払いを拒んでいる。業務受託者Xは訴訟提起を避けるため、訴訟によらずに交渉を進めていたところ、2030年10月30日が経過した。同債権は時効により消滅するか。

Point

- 新民法では、旧民法における「時効の中断」が、(a) 時効の完成を猶予する「完成猶予」と (b) 時効を新たに進行させる効果を有する「更新」に再構成された。
- 旧民法の「時効の停止」は (a)「完成猶予」に再構成された。
- (a)「完成猶予」があると、その間、時効は完成しない。
- (b)「更新」があると、その時から新たな消滅時効期間が進行する。
- 「当事者間の協議を行う旨の合意」により、(a)「完成猶予」が認められる。
- 「仮差押え」は (b) の「更新」ではなく (a) の「完成猶予」に位置づけられている。

❶ 旧民法における時効の「中断」と「停止」

　旧民法においては、「裁判上の請求」をした場合、(a) 一定期間、時効の完成が猶予される「完成猶予」と、(b) それまでの時効期間の経過が無意味なものとなり、新たに時効期間を進行させる「更新」の2つの効果が生じる。

　一方、同じ中断事由とされていた債務者による権利の承認には「更新」の効果のみが生じる。

　このため、「中断」の概念の理解が困難であるとの指摘がなされていた。

　また、旧民法の時効の「停止」については、「停止」とすると、時効期間の進行が途中で止まり、停止事由が消滅した後に残存期間が再度進行するような誤解がされるとの指摘があった（完成を猶予するのみであるため、時効期間の進行自体は止まらない。本来の時効期間の満了時期を過ぎても、所定の時期を経過するまでは時効が完成しないという効果のみを意味する）。

❷ 新民法における時効の「完成猶予」と「更新」

　そこで新民法においては、(a) の「一定期間、時効の完成が猶予される場合」を時効の「完成猶予」、(b) の「それまでの時効期間の経過を無意味としたうえで新たに時効期間が進行する場合」を時効の「更新」として整理した。

　そのうえで、(a) 時効の完成猶予事由、および (b) 時効の更新事由について、①旧民法で時効の中断事由とされていた仮差押えおよび仮処分を「完成猶予」の効果のみとすること、②強制執行、財産開示手続などを時効の完成猶予・更新事由とすること、③「裁判上の催告」に関し、判例（大判大 8.6.30 大審院民事判決録 25・1200）を踏まえた規定を設けること、④権利についての協議を行う旨の合意を新たに完成猶予事由とすることなどの見直しがなされた。

　新民法における主要な完成猶予事由および更新事由を整理すると次のとおりとなる。

〈新民法における時効の完成猶予事由と更新事由〉

事　由	(a) 完成猶予事由	(b) 更新事由
（新民147） 裁判上の請求 支払督促 和解・調停 破産手続参加 再生手続参加 更正手続参加	(i) 左記の事由の手続進行中は、時効の完成が猶予 (ii) 確定判決等により権利が確定されずに左記の手続きが終了した場合は終了時から6か月間時効の完成を猶予	確定判決等により権利が確定した場合、新たな消滅時効期間が進行 （※1 新たな期間は10年間。新民169Ⅰ）
（新民148） 強制執行 担保権の実行 担保権の実行としての競売の例による競売 財産開示手続	(i) 左記の事由の手続進行中は、時効の完成が猶予 (ii) 申立ての取下げまたは手続きの取消しの場合、当該時点から6か月間時効の完成を猶予	申立ての取下げまたは手続の取消以外（左記(ii)以外）による手続終了の場合は新たな消滅時効期間が進行 確定判決等により確定した権利について新たな消滅時効期間が進行（上記※1と同じ）
（新民149） 仮差押え 仮処分	左記の事由の終了から6か月間時効の完成を猶予	
（新民150） 催告 （催告による完成猶予期間中の再度の催告は除かれる。）	当該時点から6か月間時効の完成を猶予	
（新民151） 権利について協議を行う旨の書面による合意	猶予 （※2 猶予期間については、原則として1年間。例外は下記❸(2)参照）	
（新民152） 権利の承認		新たな消滅時効期間の進行
（新民161） 天災等により新民法147条および148条の事由（上記参照）の手続を行うことができないとき	3か月間時効の完成を猶予 （天災等の障害が消滅した時から）	

❸ 協議を行う旨の合意による完成猶予制度の新設

(1) 協議を行う旨の合意による猶予制度

新民法151条は、「権利についての協議を行う旨の合意」が書面または電磁的記録でされたときに、消滅時効の完成が猶予されることとしている。

(2) 猶予期間

上記❷の表のとおり、(a) 原則として猶予期間は1年間であり、(b) 1年未満の協議期間とすることを合意した場合には、協議期間と猶予期間が一致することになる。上記(a)(b)いずれの場合も当事者の一方から「協議の続行を拒絶する旨の通知」が「書面」または「電磁的記録」でなされるとその「通知」から6か月経過時に猶予期間が終了する((a)(b)の期間が短縮される)。

(3) 合意の当事者・方法

新民法においては明示されていないものの、「協議を行う旨の合意」の主体は権利の債権者および債務者である必要があると解される。

また、合意の方法は「書面」または「電磁的記録」により行う必要がある。

❹ 本ケースの考え方

(1) 消滅時効の起算点

主観的起算点は2025年10月31日であり、消滅時効期間は同起算点から5年間である。したがって、2030年10月30日が経過した場合は、Yは、消滅時効の援用により支払いを拒絶することが可能である。

(2) 消滅時効の完成を防止する方法

Xが消滅時効の完成を回避するためには、Yに対して催告することにより消滅時効を6か月間猶予したうえ、訴訟提起等により消滅時効の完

成をさらに猶予する手段が考えられる。

　これに加え、新民法の下においては、Yとの間で協議を行う旨書面等により合意をすることにより、上記❸(2)の期間消滅時効の完成を猶予することも可能である。

　例えば、XとYが2030年10月30日に協議を行うことを書面等により合意をした場合は、2031年10月30日までは時効の完成が猶予されるため、同日までに訴訟提起等の手段をとれば、消滅時効の完成は回避される。

　なお、当該合意において、協議の期間を2031年4月30日までとした場合は2031年4月30日まで消滅時効の完成が猶予される。

　一方、2030年10月30日に、協議の期間を合意の3年後である2033年10月30日までとする合意をしたとしても、猶予期間は合意の時から1年間を超えることができないため、猶予期間は2031年10月30日までである。

(3)　権利の承認と消滅時効の更新

　交渉、協議の過程において、債務者であるYが、業務委託料支払請求権が存在することを表示した場合は、権利の「承認」に該当することがある。例えば、支払能力を理由に、一部の支払いのみで残債権を放棄してほしい旨の申込みをすることは（当該申込みに対する承諾がなく、合意が成立しないとしても）、「承認」と認められる可能性が高い。

　このように承認が認められると、「更新」がなされるため、その時から新たに消滅時効期間の進行が開始する。

VI 法定利率・中間利息控除の改正と影響

ケース6

法定利率の適用のタイミング

新民法の下において、以下の算定に際して法定利率が用いられる場合、それぞれいつの時点の法定利率が適用されるか。

(1) 貸付債権の利息の算定（①貸付けの時点か、②初回の利息支払期日の時点か）
(2) 売買代金の履行遅滞に基づく遅延損害金の算定（①契約の時点か、②目的物の引渡しの時点か、③売買代金の支払期日到来の時点か、④売買代金の支払期日経過の時点か）
(3) 事故（不法行為）に基づく逸失利益の損害賠償額を定める場合における控除すべき中間利息の算定（①事故の時点か、②損害賠償請求の時点か）

Point

- 新民法の法定利率は年5％（商事法定利率は年6％）である。
- 新民法により法定利率は変動性が採用される。
- 新民法（施行時）の法定利率は年3％である。
- 商事法定利率は廃止される。
- 新民法の法定利率は3年に一度見直される。
- 適用される法定利率は利息発生時の利率であり、その後変動しない。
- 将来の逸失利益等の賠償額の算定に当たって中間利息控除を行う際には法定利率によることが明記された。

❶ 法定利率とは（貸付けの利息、遅延損害金、中間利息控除）

　貸付けをする場合、通常は利息を算定するための利率を合意する。このように合意された利率が「約定利率」である。当事者が利息を生じることだけについて合意して利率を定めなかったときは、法律の定める利率によって利息が算定される。この利率が「法定利率」である。

　貸付時の利息以外にも「法定利率」を用いる場合がある。金銭債務の遅滞による損害賠償の額は「法定利率」によることを原則とし、これよりも高い利率が定められている場合には、「約定利率」によることになる（民419Ⅰ）。

　また、将来において取得すべき利益についての損害賠償の金額を定めるに際して中間利息を控除する場合には、法定利率によって中間利息を控除しなければならないとされている（最判平17.6.14民集59・5・983）。したがって、この場合にも法定利率が用いられる。

❷ 法定利率引下げの理由（年5％から年3％へ）

　旧民法において法定利率は年5％とされている。しかし、これは民法制定以来、約120年見直しがなされておらず、市中金利を大きく上回っている。

　貸付けの場面においては、ほとんどの場合において利率を合意で定めることから、市中金利を大きく上回っていたとしても問題となりづらい。

　一方、(a) 金銭債務の遅延損害金の額が不当に多額に算出される可能性があること、(b) 逸失利益にかかる損害賠償額を算定する際における中間利息控除の場面では、不当に賠償額が低額となる可能性があることが問題点として指摘され、法定利率の引下げ等の改正がなされ、法定利率は年3％に変更された（新民404Ⅰ・Ⅱ）。

❸ 法定利率の変動制とはどのようなものか

(1)　3年に1度の変更

　　市中金利は今後も変動する可能性がある。その都度法改正をすること

も考えられるが、あらかじめ法律で変動の仕組みを導入することになった。なお、市中金利は短期的に変動するものの、法定利率が頻繁に変更すると、これに対応する手間や社会的コストが大きくなる。そこで、変動の頻度は3年を1期とし、1期毎に法務省令で定められる（新民404Ⅱ・Ⅲ）。

(2) 何を基準に変動するのか（基準割合）

法定利率の見直しの基準となるのは「基準割合」である。この「基準割合」は、日本銀行の発表する国内銀行における短期貸付け（貸付期間が1年未満の新規貸付け）の貸出約定平均金利を指標とし、その5年間の平均値を指す（新民404Ⅴ）。

(3) どのように変動させるのか（変動の仕組み）

①直近変動期（法定利率の数値に実際に変動があった期のうち最も新しい期をいう。ただし、施行後最初の変動があるまでは、新法施行後の最初の期を指す。新民404Ⅳ参照）の「基準割合」と②当期の基準割合との差に相当する割合を、「直近変動期」における法定利率に加算または減算する。ただし、その差に、1％未満の端数がある場合は当該端数を切り捨てる。

したがって、「直前変動期」の「基準割合」との差が1.0未満の場合は法定利率の変動は生じない。

例えば、最初の期の「基準割合」が1.5、次の期（第2期）の基準割合が2.4である場合、その差は0.9であるため、法定利率の変動は生じない。また、さらにその次の期（第3期）の基準割合が2.7の場合は、第2期には法定利率の変動が生じていないため、第1期における「基準割合」である1.5との差を算出したうえで（2.7 - 1.5 = 1.2）端数を切り捨てる（切り捨てにより1.0）。そしてこの切り捨て後の数値を直前期における法定利率（3％）に加算（3 + 1 = 4％）することになる。

❹ いつの時点の法定利率が適用されるのか

　変動制が採用されることになったため、利息、遅延損害金や中間利息控除をする際には、いつの時点における法定利率を用いるのかを決める必要がある。

　新民法においては、①利息の算定に当たっては、その利息が生じた最初の時点における法定利率を（新民404Ⅰ）、②遅延損害金の算定に当たっては、債務者が遅滞の責任を負った最初の時点における法定利率を（新民419Ⅰ）、③中間利息の控除に当たっては、損害賠償請求権が生じた時点における法定利率を（新民417の2）それぞれ用いるものとされている。

❺ 本ケースの考え方

(1)　貸付けの利息

　前記❹のとおり利息の算定に当たっては、「その利息が生じた最初の時点」における法定利率によることになる。

　この「利息が生じた最初の時点」とは、利息を生ずべき元本債権について利息が生じた最初の時点をいうところ、利息は原則として、貸付金を借主が受け取った日以降に生じる（新民589Ⅱ）。

　つまり、貸付金を借主が受け取った日である貸付けの日に利息は発生しており、当該時点における法定利率によることになることから、「①貸付け時点」の法定利率を適用して利息金額を算出することになる。

(2)　遅延損害金

　前記❹のとおり、遅延損害金の算定に当たっては、「債務者が遅滞の責任を負った最初の時点」における法定利率によることになる。

　債務者が遅滞の責任を負うのは「確定期限」の到来した時からとされているため、支払期日が到来した時点（新民412Ⅰ）、すなわち、「③売買の代金の支払期日到来の時点」の法定利率によることになる。

　なお、仮に売買代金の支払期日を定めていない場合は、債務者は「履行の請求を受けた時」から遅滞の責任を負うことになるため（民412Ⅲ）、

売主から売買代金支払の請求を受けた時点の法定利率が適用される。

(3) 中間利息

前記❹のとおり、中間利息の控除に当たっては、「損害賠償の請求権が生じた時点」における法定利率を用いることとされている。これは不法行為に基づく場合でも同様である（新民法722条1項は、新民法417条の2を準用している）。

また、事故による損害賠償請求権は、事故の時点で発生していると解される。したがって、中間利息控除に当たっては、事故の時点の法定利率を適用して控除すべき中間利息額を算定することになる。

Ⅶ 保証契約の内容・条項はどのように変わるのか

ケース7

事業上の契約が個人保証を要する場合

X社が締結しようとする取引先Yとの契約に基づくYの債務について、取引先取締役Zの個人保証が必要である。X社が契約締結時に留意すべき点はあるか。保証人がY社代表者の知人だった場合はどうか。

Point

- 保証については、平成16年の改正により要式行為とされたうえ(旧民446Ⅱ・Ⅲ)、貸金等根保証契約についての規律が新設され(旧民465の2～465の5以下)、保証人の保護が図られてきた。
- 新民法では、①個人保証の制限(新民465の6)、②契約締結時の情報提供義務(新民465の10)、③主債務の履行状況、期限の利益喪失時の情報提供義務(新民458の2、458の3)の新設等により、個人保証人の保護がより強化された。
- 保証人を徴求する取引において、従前と異なる対応が求められるため、契約書の修正、実務対応が必要になる可能性がある。

❶ 個人保証の制限(公正証書の作成義務と例外)

(1) 公正証書の作成が必要な保証契約

新民法では、一定の債務について個人が保証する場合、保証契約締結

時の1か月以内に作成された公正証書において、保証債務を履行する意思を表示していなければ、保証契約はその効力を生じないとしている（新民465の6Ⅰ）。

この規律が及ぶのは①「事業のために負担した貸金等債務を主たる債務とする保証契約」（特定保証）と②「主たる債務の範囲に事業のために負担する貸金等債務が含まれる根保証契約」（根保証）である。

(2) 公正証書作成義務の例外となる場合

上記(1)①特定保証と②根保証の保証契約であっても以下の場合には、公正証書作成義務は課せられない（新民465の9）。

【主債務者が法人である場合】
 (a) 主債務者の理事、取締役、執行役またはこれらに準ずる者
 (b) 主債務者の総株主の議決権の過半数を有する者
 (c) 主債務者の総株主の議決権の過半数を他の株式会社が有する場合における当該他の株式会社の議決権の過半数を有する者
 (d) 主債務者の総株主の議決権の過半数を他の株式会社および当該他の株式会社の総株主の議決権の過半数を有する者が有する場合における当該他の株式会社の総株主の議決権の過半数を有する者
 (e) （主債務者が株式会社以外の法人である場合は、）上記(b)、(c)または(d)に準ずる者

【主債務者が法人以外の場合】
 主債務者と共同して事業を行う者または主債務者が行う事業に現に従事している主債務者の配偶者

❷ 契約締結時の主債務者の情報提供義務

(1) 契約締結時における主債務者による情報提供

主債務者は、事業のために負担する債務について「個人」に保証を委託する場合、保証の委託を受ける者に対して、以下の事項に関する情報提供をしなければならない（新民465の10Ⅰ）。

 (a) 財産および収支の状況

(b) 主債務以外に負担している債務の有無ならびにその額および履行状況
　　(c) 主債務の担保として他に提供し、または提供しようとするものがあるときは、その旨およびその内容

(2) 違反の効果

　上記(1)の情報提供義務違反について債権者がこれを知りまたは知らなかったことについて過失がある場合は、保証人は保証契約を取り消すことができる（新民 465 の 10 Ⅱ）。

❸ 主債務の履行状況に関する債権者の情報提供義務

(1) 主債務の履行状況に関する債権者による情報提供

　「個人」か「法人」かを問わず、委託を受けた保証人から請求があった場合、債権者は、保証人に対して遅滞なく、主債務について①不履行の有無、②残額、③弁済期が到来しているものの額に関する情報を提供する義務を負う（新民 458 の 2）。

(2) 違反の効果

　❷と異なり、違反の効果は特に定められていない。したがって、債務不履行の一般原則に委ねられると解される（損害賠償請求、保証契約の解除がありえる）。

❹ 主債務者が期限の利益を喪失した場合の債権者の情報提供義務

(1) 主債務者が期限の利益を失った場合の債権者による情報提供

　保証人が個人である場合、（委託を受けているかどうかを問わず、）債権者は、主債務者が期限の利益を喪失したことを知った時から、2 か月以内に、その旨を保証人に通知しなければならない（新民 458 の 3）。

(2) 違反の効果

　期限の利益喪失時から通知時までに生じた遅延損害金（期限の利益を

喪失しなかったとしても生じていたものは除かれる。）について、保証債務の履行を請求することができない（新民458の3Ⅱ）。保証人に対し期限の利益喪失の効果を主張できなくなるわけではない。

❺ 個人根保証の規律の変更

(1) 極度額の設定（新民465の2）

新民法では、保証人保護を拡充するため、主債務の範囲に貸金等債務が含まれているかにかかわらず、個人との間で根保証契約を締結する場合には極度額を定めなければならないものとされた。極度額の定めを欠く場合、根保証契約自体が無効とされる。

(2) 元本確定事由（新民465の4）

旧民法では貸金等根保証契約についてのみ元本確定事由が定められていたのに対し、新民法では、個人との間の根保証契約一般について元本確定事由が定められている（個人貸金等根保証契約とそれ以外の根保証契約とでは元本確定事由の内容は異なる）。

〈新民法における個人根保証の規律〉

	極度額	元本確定期日	元本確定事由
個人貸金等根保証契約	設定が必要 （465の2Ⅱ）	規定あり （465の3）	あり （465の4）
個人根保証契約	<u>設定が必要</u> <u>（465の2Ⅱ）</u>	規定なし	<u>あり</u> <u>（465の4）</u>

※下線部は新民法上で変更があった箇所

❻ 連帯保証人に対する履行の請求（絶対効から相対効への変更）

旧民法では、連帯保証人に対する履行の請求の効力は主債務者にも及ぶものとされているが（絶対効）、新民法では、連帯保証人に対する履行の請求の効力は主債務者には及ばない（相対効・新民441）。

例えば、連帯保証人に対して履行の請求を行ったとしても、主債務につ

いて時効の更新の効力は生じないことになる。

ただし、合意により絶対効に変更することは可能であるとされている（新民 441 ただし書）。

❼ 本ケースの考え方

　取引先 Y の債務についての保証契約は、Y の債務が「事業性」のある「貸金等債務」に該当する場合は、原則として公正証書により作成する必要がある。しかし、保証人が取締役の場合、公正証書作成義務は課せられない（一方知人に過ぎず、Y 社の過半数の議決権を有する等の例外にも該当しない場合は、原則どおり公正証書により作成する必要がある）。

　取引先 Y（主債務者）が、保証人 Z に対し、新民法 465 条の 10 に基づく情報提供義務を怠っており、これについて、X 社に悪意または過失がある場合は、保証人 Z から保証契約を取り消される可能性がある。したがって、X 社は、(a) Y からは「Y が Z に対して情報提供したこと」について表明保証を受けたうえ、(b) Z からは「Z が Y から情報提供を受けたこと」について表明保証を受けておいた方が望ましい。

　契約締結後においては、保証人 Z から請求があった場合には、主債務の履行状況について法定された情報を提供できるように準備しておく必要がある。また、期限の利益を喪失した場合に保証人への通知ができるように（通知により期限の利益を喪失させる場合は保証人にも通知するように）準備しておく必要がある。

Ⅷ 定型約款に関する規定の新設

ケース8

定型約款による契約成立の要件

　X社は、社内の備品を保管するキャビネットをY社の運営するインターネットサイトで購入したが、X社の従業員がキャビネットの破損で怪我を負った。X社はY社に治療費を請求したが、Y社は、利用規約上に「損害賠償責任は一切負担しない」旨の規定があることを理由に応じようとしない。Y社の主張は認められるか。

　なお、インターネットサイトには同サイトの利用規約のリンクが記載されている。ただし、注文手続を終了するまでの間に、利用規約を読むよう促す記載はなく、また、当該規約が適用される旨の表示はなく、また、利用規約がポップアップ表示されることはない。

Point

- 定型約款に関する規定が新設された。
- 定型約款が契約の内容となるための要件（みなし合意）、定型約款の変更が（相手方の同意が得られていなくても）認められるための要件等が規定された。
- 他の新民法に関する規定とは異なり、施行日前に締結された契約についても新民法の規定が原則として適用される。

❶ 定型約款の定義とは

　新民法における約款に関する規律の適用を受ける「定型約款」については新民法548条の2に定義されている。
　まず、①ある特定の者が不特定多数の者を相手方として行う取引であって、②その内容の全部または一部が画一的であることが双方にとって合理的なものが「定型取引」と定義されている。
　そして、③その「定型取引」において、「契約の内容とすることを目的としてその特定の者により準備された条項の総体」が「定型約款」と定義されている。
　なお、相手方の個性が重視される取引については、①の要件を欠き、「定型取引」に該当しない。例えば、企業が労働者と締結する労働契約は、相手方の能力や人格等の個性を重視して行われる取引であるため、①の要件を欠くと解される。
　また、事業者間で行われる取引における契約書のひな形は、仮に事実として同内容で締結されることが多いとしても、原則として、②「その内容の全部または一部が画一的であることが双方にとって合理的なもの」とはいえず、「定型取引」に該当しない（定型約款の要件を欠く）と解される。なぜなら、当事者の一方にとっては取引の内容を画一化することが合理的であったとしても、もう一方の当事者にとっては必ずしもそのようにはいえないからである。

❷ 定型約款に関する規定の新設の理由

　新民法は「定型約款」を上記❶のとおり定義したうえで、「定型約款」について①相手方が定型約款の内容を認識していなくても定型約款が契約の内容となるための要件、②相手方が変更を承諾していなくても定型約款の変更が認められるための要件について規定した。こうした規定が新設されたのは、以下のような理由による。
　現代社会においては、多数の取引を迅速かつ画一的に処理する必要性から、契約に際して約款を用いることが行われている。例えば、鉄道に乗車

する際の運送約款、宿泊する際のホテル宿泊約款、保険約款等が挙げられる。

　上記のような約款を用いた取引においては、顧客は、約款の個別の条項の内容を認識していない場合が多いが、契約の内容を認識して意思表示をしなければ当事者は契約に拘束されないという原則との関係で、約款に関する規定を設けていない旧民法の下では、その拘束力の根拠が明確でないという問題があった。また、約款を用いた取引においては、法令変更、サービスの追加、社会情勢の変更等に対応するため、契約締結後に約款の内容を事業者が一方的に変更する必要が生じることがあるが、こうした変更を有効に行うための要件も明らかではなかった。

　こうした状況を踏まえ、定型的な取引をスムーズに進めるための規律として設けられたのが「定型約款」の規定である。

❸ 定型約款による契約成立の要件とは

(1) 要　件

　新民法548条の2第1項は、①定型約款を契約の内容とするための合意をした場合、または②定型約款を準備する者が予めその定型約款を契約の内容とする旨を相手方に表示していた場合のいずれかにおいて、「定型取引を行うことの合意」があれば、「定型約款に記載された個別の条項の内容について相手方が認識していなくても」定型約款の個別の条項について合意をしたものとみなす（みなし合意）旨を規定した。

　「定型取引を行うことの合意」とは、「契約条項・約款の詳細の認識」がなされないままされてもよく、どのような物をいくらで買うのか、といった取引を行うことについての合意があればよい。

(2) 例　外

　上記(1)の要件を充足している場合であっても、(a) 相手方の権利を制限しまたは相手方の義務を加重する条項であり、(b) 信義則（民法1Ⅱ）に反して相手方の利益を一方的に害すると認められるものについては、合意をしなかったものとみなされる（新民548の2Ⅱ）。

(3) 具体例

電気供給契約における電気供給約款、普通預金規定、インターネットを通じた物品の売買における購入約款、インターネットサイトの利用規約、市販のコンピュータソフトのライセンス規約等は、定型約款の要件を充足していると解される。

❹ 定型約款を変更するための要件とは

(1) 変更の実体要件

定型約款を利用して締結された契約を、相手方の同意なく変更するための要件は、(a)「定型約款の変更が相手方の一般の利益に適合するとき」または(b)「変更が契約の目的に反せず、かつ変更に係る事情に照らして合理的なものであるとき」のいずれかに該当することである（新民548の4Ⅰ）。

例えば、相手方が支払義務を負う金額を減額する場合や、定型約款準備者側の義務やサービスを増やす場合（相手方の義務を加重せず、権利を制限しない場合）は、「相手方の一般の利益に適合する」といえる。

(2) 変更の手続要件

上記(1)の要件を充足している場合は、定型約款準備者は、「効力発生時期を定め」かつ、「定型約款を変更する旨および変更後の定型約款の内容並びにその効力発生時期をインターネットの利用その他の適切な方法により周知」しなければならない（新民548の4Ⅱ）。また、上記(1)(b)に該当することに基づく変更については、「効力発生時期までに周知をしなければその効力が生じない」とされている（新民548の4Ⅲ）。

❺ 定型約款に関する経過措置

定型約款の規定は、施行日前に締結された契約についても、新民法の規定が適用されることとされている。ただし、施行日前に生じた効力は妨げられない（改正法附則33Ⅰ）。

もっとも、施行日前に書面等によって、契約当事者の一方（解除権を現

に行使できる当事者は除かれる。）が反対の意思表示をした場合には旧民法が適用される（改正法附則33Ⅱ・Ⅲ）。

❻ 本ケースの考え方

　本ケースの取引は、定型取引であり、同サイトの利用規約は「定型約款」の要件を充足する。

　しかし、利用規約を読むよう促す記載はなく、また、当該規約が適用される旨の表示がない。したがって、①定型約款を契約の内容とするための合意をしたこと、または②定型約款を準備する者が予めその定型約款を契約の内容とする旨を相手方に表示していた場合に該当しないため、みなし合意は成立しないと解される。

　また、仮に上記①②いずれかの要件を充足していた場合でも、「損害賠償責任は一切負担しない」旨の規定は、（a）相手方の権利を制限し、または相手方の義務を加重する条項であり、（b）信義則（民法1Ⅱ）に反して相手方の利益を一方的に害すると解される。よって、同条項については、みなし合意は成立しないと解される（新民548の2Ⅱ）。

　以上から、Y社の主張は認められない可能性が高いと解される。

IX 売買に関する契約はどう変わるのか

ケース9

不動産の売買取引

(1) 不動産の売買契約書において、不動産の所有権移転登記にかかる規定を設けていなかった。売主は、買主に対する所有権移転登記を行う義務を負うか。

(2) 不動産取引において、買主が、手付金を交付した（なお、解約手付にかかる民法557条の適用をしない旨の特約は設けていない）。売主は履行に着手していなかったが、買主は履行に着手していた。この場合、買主は、手付を放棄して解除をすることができるか。

Point

- 売買の売主に対抗要件具備義務が課せられた。
- 手付解除に関して、判例法理に従い、「相手方が」契約の履行に着手した後の解除ができないことを明らかにした。
- なお、旧民法からの変更点ではないが、売買に関する規定はその他の有償契約に原則として準用される点（民559）に注意が必要である。

❶ 売主の対抗要件具備義務

　新民法では、権利移転に関する売主の対抗要件具備義務が規定された（新民560）。旧民法にはない新設の規定である。不動産や特許権の売買においては対抗要件具備に関する規定が置かれないことはほぼないが、著作権の売買では対抗要件具備について定めることは稀であるため、この改正は実務に影響を与える可能性がある。

　なお、新民法560条は、対抗要件具備に関する費用負担の義務まで売主に課したものではないと解されている。

　売買に関する規定はその他の有償契約に原則として準用される（民559）。

❷ 手付に関する改正

　旧民法557条1項は「当事者の一方が契約の履行に着手するまでは」手付解除をすることができると規定していた。本規定の文言のみからすると、契約を解除しようとする者のみが履行に着手していた場合であっても、手付解除をすることができないのではないかとの疑問が生じていた。

　これについては、同条項の趣旨は履行に着手した当事者の予測を害しないようにするためであるとされ、解除をしようとする者が履行に着手していたとしても、契約の解除をすることができるとの判例（最大判昭40.11.24判時428・23）がある。新民法ではこの点が明文化され、解除をしようとする者の「相手方が契約の履行に着手した後」は解除をすることができない旨規定された（新民557Ⅰただし書）。

　その他にも、旧民法557条1項が「手付の倍額の償還」と規定している点を、「倍額を現実に提供して」と規定し（新民557Ⅰ）、従来の判例法理を明文化している。

❸ その他の改正

　上記❶❷の他、売買契約については、危険負担に関する改正や、契約不適合責任制度の導入等があるが、これらについては、第3章Ⅲ「瑕疵担保責任・契約不適合責任」、第3章Ⅴ「所有権と危険負担の移転時期」を参照されたい。

❹ 本ケースの考え方

　新民法では上記❶に記載のとおり、売主に対抗要件具備義務がある（新民560）ため、不動産の売買契約をした本ケースでは所有権移転登記を行う義務を負う。なお、同上は、対抗要件具備に関する費用負担義務まで規定したものではないと解されているため、対抗要件具備に関する費用を誰が負担するかは、契約書において明確に規定しておくことが望ましい。

　上記❷に記載のとおり、手付解除は、「相手方が契約の履行に着手」していなければ可能である。したがって、売主が履行に着手していない本ケース9（2）においても買主による解除は可能である。

第2章

業務委託契約書 審査全般のポイント

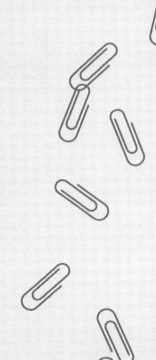

Ⅰ 業務委託契約の法的性質

ケース10

業務委託契約書審査・作成についての留意点

業務委託契約を審査する際、また、自社で契約書をドラフトする際に、注意すべきポイントは何か。

Point

- 契約審査の基本的視点は、リスクマネジメントである。
- 契約上適用排除の意思が明確でなければ、契約条項と民法・商法の条文が重畳的に適用される。
- 契約により生じる債権債務を把握するためには、法的性質の確認が不可欠である。
- 請負と準委任の違いを把握し、締結しようとしている業務委託契約がいずれの法的性質を有しているか把握する。

❶ 契約審査の基本的な視点

契約は、特定の目的を達成するために締結する。それゆえ、契約書の内容は、当該目的を達成するために必要な条項を備えているだけではなく、目的を阻害しないものとなっていることが必要である。

また、そもそも契約書を作成するのは、当事者の合意を明確にし、記録として残すことにより、契約の履行を円滑にするとともに、債権と債務を明確にしてリスクを見積もるためである。

すなわち、リスク（契約目的を阻害する要因）を識別、分析、評価し、その発生可能性、重大性を予測して、対応（回避、低減、移転・分散、受容）を行うのである。

そのためには、契約の締結によりどのような債権債務が発生するかを正確に把握しなければならない。

❷ 法的性質の確認の必要性

契約内容は、原則として当事者の合意により自由に決定することができる（「契約の締結及び内容の自由の原則」新民521）。しかし、契約において、合意がない事項または合意が不明確な事項は、補充的に民法・商法の条文が適用される。業務委託契約では、多くの場合、請負か準委任、あるいはその両方の性質を有しているため、請負や準委任の条文が適用されることになる。

もちろん任意規定であれば、契約書に民法・商法の条文の定めと異なる定めをすることはできる。しかし、注意すべきは、契約上適用排除の意思が明確でないと、契約条項と民法・商法の条文が重畳的に適用されるということである。例えば、契約上に損害賠償義務が定められていなくとも、債務不履行があれば、民法415条が適用されることにより、当然に損害賠償義務を負うことになる。

このように、自社が締結しようとしている契約の法的性質を確認し、民法・商法の条文が適用されるのか、それにより自社にどのような債権債務が発生するかを確認し、民法・商法の定めと異なる契約内容に修正したい場合には、その内容を契約書において明確にする必要がある。

❸ 請負と準委任の違い

業務委託契約の法的性質は、上記❷のとおり、請負か準委任（もしくはその両方）である。請負は仕事の完成（結果）が目的であり、仕事の完成に責任を負う。これに対し、準委任は業務の遂行（行為）が目的であり、完成は観念されない。このような基本的な違いから、次のような差異が生じる。

(1) 請　負
① 完成しないと報酬請求権が生じない（民633）。
② 完成の有無を問わず、引渡後は契約の内容に適合しないことの責任を追及できる（新民562～564、569。旧民法では、完成によって不完全履行の特則とされる瑕疵担保責任であった（旧民570））。
③ 完成できればよいので、下請（再委託）が可能。
④ 注文者は、仕事を完成しない間はいつでも損害を賠償して解除可能（民641）。

(2) 準委任
① 特約があれば、業務の遂行により報酬請求権が生じる（新民648Ⅰ・Ⅲ）。
② 事務の処理に善管注意義務を負う（民644）。なお、善良な管理者の注意は、契約その他の債権の発生原因および取引上の社会通念に照らして定まる（新民400）。
③ 信頼関係に基づいているので復委任（再委託）は原則禁止（新民644の2Ⅰ）。
④ 当事者はいつでも解除可能（民651Ⅰ。ただし、やむを得ない事由があった場合を除き、相手方に不利な時期に解除をしたときおよび委任者が受任者の利益をも目的とする委任を解除したときは損害賠償義務を負う。新民651Ⅱ）。

　ただし、新民法により、請負の場合でも、完成前の契約解除等の場合に可分な部分の給付により注文者が利益を受けるときは、割合に応じて報酬請求権が発生するものとされた（新民634）。
　委任の場合も、成果に対し報酬を支払う場合には、成果の引渡しと同時に報酬を支払うものとされ（新民648の2Ⅰ）、また、上記新民法634条が準用されている。

　このように、新民法では、成果のある委任については、請負との差異が小さくなっている。しかし、新民法においても、成果のある委任以外では、

上記(1)と(2)のような基本的な違いがある以上、法的性質を見極める重要性は変わらない。

❹ 請負と準委任の区別の基準

上記❸の違いから明らかなとおり、請負と準委任の区別の基準は、「仕事の完成」が観念できるか否かである。この点を契約内容から判断することになる。

業務委託の性質が問題となった裁判例を見てみよう。コンピュータプログラム作成委託契約を締結したが、プログラムが完成しないまま頓挫したため、受託者(原告)が当該契約は準委任契約であるとして、作業を行った分の費用の支払いを求めたのに対し、委託者(被告)が当該契約は請負契約であるとして、既払い金の返還を求める反訴を提起した事案である。

> 東京地判平3.2.22判タ770・218
> 裁判所は、「工程表は、原告が、……プログラムを完成する義務を負っていることを前提として、その完成までのスケジュールを記載したものであることが認められ……、これによれば、逆に、原告が契約上プログラムの完成義務を負っていた」として、プログラムを完成できなかった受託者の代金請求を棄却し、委託者の既払い金の返還請求を認めた。

ここでは、工程表の内容から「完成」を目的としていることを認定している。作業分の報酬請求のためには、完成を目的としないこと(ゴールはあるにせよ)を明確にし、業務の遂行に応じた報酬を支払うとするものでなければならない。

次の裁判例は、請負と準委任の区別に関し参考となる。瞬間冷却材の製作を委託した事例である。

> 東京高判昭 57.11.29 判タ 489・62
>
> 「一般に、生産者が……商品を大量生産しこれを販売業者に供給する場合において、その商品の使用目的や大まかな規格のみを定めて製作を受注した場合は、でき上がった製品が果たして契約の本旨に従ったものであるか否かについて争いを生ずるおそれがあり、注文者にとっても、製作者にとっても甚だリスクが大きいことが明らかである。それ故この種の契約をするに当たっては、(1) <u>注文者においてその能力がある場合には詳細な設計、仕様、工作方法等を定めて、これによって製作を依頼し</u>、(2) <u>注文者にその能力がない場合には、まず製作者において注文者から当該商品の使用目的や大まかな規格等を聞いたうえ、注文者が満足するまで試作を重ねたうえ、注文者が満足した段階で、当該試作品の設計仕様、工作方法に基づく商品製作の注文を受けることとなるのが通常</u>であると考えられる。<u>上記(1) の方法によるときは当該契約はおおむね請負契約的性格を有するものであり、上記 (2) の方法によるときは設計仕様等の確定に至る段階は準委任契約</u>（有償のこともあれば、無償のこともあるのはもちろんである。）であり、設計仕様等の確定以後は、両者の関係は請負契約のそれである。
>
> 本件……契約は、少なくとも最初の5万個については請負契約として合意されたものではなくて、準委任契約として成立したものであると解するのが相当であり、（製作者は）<u>商品の使用目的に照らし何らの瑕疵のない物件を製作供給する義務を負担するものではなく、善良なる管理者の注意義務を用い、できる限り（上記）目的に副った物件を試作供給する義務を負うに過ぎない</u>というべきである。」

　このように仕様確定のための試作は「完成」を目的とするものではないので、準委任となる。

　なお、契約の法的性質は、契約内容から判断される。「本契約の法的性質は準委任とする。」というように法的性質について言及する契約を目にすることがあるが、準委任とする旨定めがあったとしても、契約内容から「仕事の完成」を目的としていることが明らかであれば、その法的性質は「請負」となる。法的性質の定めは、契約解釈の際の判断材料の一つとなるが、

それのみにより法的性質を決定できるものではない。まずは、自社が締結しようとしている業務委託契約の内容が実質的に完成を目的としているのか否かをしっかりと検討したうえで、それをより明らかにするために法的性質の定めを条項に置くということを意識してほしい。

❺ 本ケースの考え

業務委託契約書を作成、審査しようとする場合、まずやるべきことは、委託する業務の内容を確認し、法的性質が請負か準委任か、あるいはその両方の性質を備えているのかを判断することが必要である。そのうえで、民法の原則に従うと、どのような権利義務を有することになるのか、本契約の目的を達成するためには、民法上の権利義務を変更する必要があるのかを検討することが必要である。

Ⅱ 契約の目的

ケース11

目的条項に詳細な取り決めを設けるべきか

　当社は急成長したeコマース企業であり、受注量の増加に対応するべく、受注システムを一新することにした。新たな受注システムの開発について複数社に相談をしたところ、数社から見積り等の提案があった。金額面ではどこも大差なかったが、X社から、同社には高い専門性を有するエンジニアが複数おり、カスタマイズの要望にも柔軟に対応するなど、個別のニーズに即した受注システムを構築・運営できる旨の強いアピールがあった。これが決定打となり、当社はX社への委託を決定した。今後X社との間で、短期間で仕様を合意し、契約交渉・締結を行うことが求められる。
　社内からは、「契約書に目的条項を設け、契約締結の背景や経緯も含めて具体的に記載してはどうか」との意見が出たが、そのようにする意義はあるか。

Point

- 業務委託契約における目的条項は、他の条項の解釈指針として参照される。具体的には、追加的業務が契約の枠内であるか等の判断基準として機能するといった補完的な役割を果たす。
- 新民法の下では、売主の担保責任に関する契約不適合責任等との関係で、契約の目的・背景・経緯が従来にまして意味を持ちうる。

❶ 業務委託契約における目的条項の役割

　業務委託契約における目的条項には、一般に取引内容の概略、当該契約によって実現すべきもの、または、（当該取引が基本契約と個別契約によって構成される場合に当該契約がそのいずれであるかという）当該契約の位置づけなどが記載される。かかる目的条項が、それ自体法的拘束力を有することは稀である。

　もっとも、具体的な契約条件を規定する他の条項の解釈について争いが生じたときには、目的条項が解釈の指針として参照されることがある。また、契約遂行の過程では、受託者が委託者から追加的な業務を依頼されることが往々にしてあるが、そのようなときに、当該業務が当初の契約の枠内のものであるか（枠外のものとして追加の対価を要するものでないか）を判断する基準として機能することもありうる。

❷ 民法改正による影響

　新民法の下では、業務委託契約が請負の性質を有する場合において、受託者に契約不適合責任が成立するかは、仕事の目的物が「種類、品質又は数量に関して契約の内容に適合」するか否かによって決せられる（民559、新民562）（第3章Ⅲ「瑕疵担保責任・契約不適合責任」参照）。また、債務が履行不能となったか否か、および、債務不履行に基づく損害賠償責任の要件としての債務者の帰責性は、「契約その他の債務の発生原因及び取引上の社会通念」に照らして判断される（新民412の2、415）（第2章Ⅴ「損害賠償」参照）。これは言い換えれば、契約書の文言のみならず、契約をした目的、契約締結に至る経緯その他の当該契約に関する一切の事情が考慮されるということである。加えて、無催告解除の可否については、催告をしても「契約をした目的を達するのに足りる履行がされる見込みのないことが明らか」であるか否かが要件となり、やはり契約の目的が重要となる（新民542Ⅰ⑤）（第2章Ⅸ「契約の解除」参照）。

　以上のとおり、新民法の下では、契約の目的（目的物の満たすべき品質、性能、仕様、利用目的等）や契約締結に至った背景・経緯が、従来にまし

て意味を持つ場合がありうる。

　なお、契約の目的・背景・経緯において当事者が重視した事情があれば、本来、それらは具体的な契約規定（表明保証や誓約条項を含む）に落とし込むべきであり、このこと自体は民法改正の前後で変わるものではない。もっとも、実際の契約交渉においては、あらゆる場面を想定して具体的な契約規定を検討・合意することは必ずしも容易でない。そのため、個別具体的な事案における契約不適合責任の成否、無催告解除の可否などを、社内で事後的に検証できるようにすべく、契約書の目的条項などで、契約締結の目的・背景・経緯を具体的に明記するよう検討することは有益であろう。

　以上の解説は、業務委託契約が請負の性質を有する場合を念頭においているが、業務委託契約（の一部）が準委任の性質を有する場合には、受任者は「委任の本旨」に従い、「善良な管理者の注意」をもって委任事務を処理する義務を負い（民644）、「善良な管理者の注意」は、「契約その他の債権の発生原因及び取引上の社会通念」に照らして定まることになる（新民400）。したがって、業務委託契約の法的性質が請負であるにせよ、準委任であるにせよ、契約における目的条項が受託者（受任者）の果たすべき義務の内容を画する上で意味を持つことに変わりないと考えられる。

❸ 本ケースの考え方

　前述のとおり、目的条項は、他の条項の解釈指針として参照され、また追加的業務が契約の枠内であるかの判断基準等として、補完的に機能する。そして、新民法の下では、契約不適合責任等の文脈において、契約の目的・背景・経緯が従来にまして意味を持ちうる。特にシステム関連の業務委託契約では、契約締結後に、開発等の過程で追加的な業務や不具合が生じることも多く、そのような場合に、受託者がどこまでの責任を負うかについて、紛争に発展しやすい。ましてや本ケースのように、短期間での契約交渉・締結が求められるときは、あらゆる場面を想定して具体的な契約規定を検討・合意しておくことは困難であろう。

　本ケースでは、X社から「高い専門性を有するエンジニアが複数おり、

カスタマイズの要望にも柔軟に対応するなど、個別のニーズに即した受注システムを構築・運営できる」旨の強いアピールがあったことが決定打となって、X社への委託が決定された。しかしながら、X社がカスタマイズの要望に「柔軟に対応する」としていることは、(そもそも当社がその趣旨をどう理解し、X社とかかる理解を共有しているか、まず検証が必要であるが)契約条件や委託業務の内容に適切に反映されるであろうか。また、例えば委託業務の開始後に「高い専門性を有する」エンジニアがX社を去り、その後システムに不具合が発生したが、それが当該専門性を有する者でなければ修復困難なものであったとする。この場合、X社は、自ら高い外注費用を支払ってでも当該専門性を有する者を確保し、その不具合を修復することまで要するであろうか。これらの点は、当社がX社に対して契約不適合責任や債務不履行に基づく損害賠償請求、ひいては契約の解除等を求める際に、争点となりうる。

　現実的には、本ケースにおいて、決定打となった契約締結の背景や経緯を具体的に記載しようとした場合、当事者間でのさらなる交渉や契約条件の具体化といった作業に移行してしまい、契約締結の目的・背景・経緯は独自の意義を有しない結果に終わることも考えられる。しかしながら、あらゆる場面を想定して具体的な契約規定を検討・合意しておくことは必ずしも容易でないため、個別具体的な契約条件を補完するものとして、契約書案に目的条項を設け、契約締結の背景や経緯も含めて具体的に記載するよう検討することは有益といえるであろう。

　本ケースにおける契約の目的条項の一例を示すと、次の条項例のとおりである。

修正後の条項例

「第○条（契約の目的）

　委託者は、次の経緯から、第●条に定める仕様の受注システム（以下「本システム」という。）の開発及び保守・管理業務（以下「本件業務」という。）を受託者に委託することとし、本件業務に関する諸条件を定めるために、受託者との間で本契約を締結する。

　委託者は、受注量の増加に対応するべく、本件業務について複数の業者に見積等の提案を依頼したところ、受託者から、想定外の受注量の増加にも柔軟に対応する旨の申出があったことから、受託者に対して本件業務を委託することとした。なお、本契約における本件業務の仕様及び報酬は、委託者の作成に係る○年○月付の今後○年間の受注予測資料を基礎に決定されたものであるが、前述の経緯から、受託者は、[○の限度で]当該予測を超える受注量の増加にも対応できるよう、自らの責任と負担において本件業務を遂行するものとする。」

III 契約の成立

ケース 12

契約の成立条件を定める条項

継続的に業務委託を受ける予定の委託者(甲)から提示された業務委託基本契約書に次の条項が定められている。受託者(乙)は、これをどのように修正すればよいか。

「第〇条(個別契約の成立)
　個別契約は、甲が乙に対し、発注年月日、業務内容、成果物、納入日、納入場所等を記載した注文書を交付し、乙がこれを承諾する請書を甲に交付することにより成立する。」

Point

- ◉契約の成立は、文書によることを原則とすべきである。
- ◉注文書と請書により契約が成立する場合、請書を交付しなくても、遅滞なく諾否の通知を発しないと契約が成立する場合がある。
- ◉請書を交付する場合、印紙の貼付が必要となる。
- ◉契約書の文言次第で、印紙の貼付を不要とすることができる。

❶ 契約の成立

継続的に業務委託を行う場合、その都度契約書を作成し、締結するのは煩雑であることから、基本契約を締結し、個別の契約に共通して適用され

る条件等を定めることがある。その際、個別の契約がいつ、どのように成立するかを明確にするため、個別契約成立の方法や成立時期を定めることも多い。そういった場合は、本ケースの条項のように注文書と請書といった書面の交換によることが一般的である。契約書よりも簡便であるうえ、書面とすることにより、契約の成立およびその内容を明確にすることができ、後日紛争となった場合でも証拠となるからである。

　なお、旧民法では、隔地者に対する意思表示の効力発生時期について、到達時を原則としつつ、例外的に隔地者間の契約の成立時期を承諾の通知を発した時としていた（旧民526Ⅰ）。新民法では、かかる旧民法526条1項に相当する条文がなくなり、新民法522条・523条に集約されたことから、隔地者間の契約も、承諾の通知が到達した時に成立する。

❷ 諾否通知義務を具体化する方法

　委託者が注文書を交付したが、受託者が請書を交付しなかった場合はどうなるのだろうか。受注者が商人の場合、平常取引をなすものから自己の営業の部類に属する商品の注文を受けた場合、遅滞なく諾否の通知を発すべき義務があり、かかる通知を怠れば、契約の申し込みを承諾したものとみなされる（商509Ⅰ・Ⅱ）。この「遅滞なく」とは、「事情の許す限り最も早く」を意味するが、個別具体的な取引において、いつまでに請書を交付すれば「遅滞なく」なのかは明確ではない。

　この場合、「○日以内に請書の交付がない場合には、承諾したものとみなす。」旨の条項を定めることにより、「遅滞なく」という点を明確な約定にすることができる。また、請書の交付という手間を省けるとともに個別契約の成立時期が明確になるので有益である。

❸ 印紙の貼付

　請負の契約書には印紙の貼付が必要である。ここでいう「契約書」とは、「契約当事者の間において、契約（その予約を含む。）の成立、更改又は内容の変更若しくは補充の事実を証明する目的で作成される文書」をいう（印紙税法基本通達12）。

注文書と請書の交換で契約が成立する方法では、請書により契約の成立を証明することになるので、請書への印紙の貼付が必要になる。もっとも、上記❷のように、「○日以内に請書の交付がない場合には、承諾したものとみなす。」旨の条項を定めた場合には、請書の交付を省略できるため、印紙の貼付が不要となる。この場合でも、請書による承諾により契約が成立することが前提となるため、注文書は契約の「成立を証する目的で作成されたもの」には該当しない。それゆえ、当該注文書への印紙の貼付は不要である。

　ただし、「注文書の交付により当然に契約が成立する。」旨の条項だとすると、注文書が契約の成立を証明することになるため、本ケースのように契約の成立が当該基本契約書に基づくことが注文書上から判明する場合には、当該注文書に印紙の貼付が必要になる。

　なお、あくまでも印紙の貼付が必要となるのは、「文書」すなわち書面であり、電磁的記録（電子メール）やFAXによる場合は、印紙の貼付は不要である。そのため、「注文書及び請書は、甲及び乙が別途合意するファクシミリ、電子データ等の方法をもって代えることができる。」と定めたうえで、電子メール等の方法で注文書・請書を交換することにより、印紙の貼付を回避することができる。

❹ 本ケースの考え方

　受託者側からすれば、諾否通知義務を負う関係上、注文書を受領した後、いつまでに諾否の意思表示をする必要があるのかを明確にしておきたい。また、必ず請書の交付を要すると、注文の都度、請書を作成し、印紙を貼付しなければならない。かかる手間と費用を抑えるうえでも、請書の交付がない場合には承諾したものとみなす旨の定めを追加すべきであろう。また、より簡便な方法で個別契約を成立させたい場合には、書面の交付を電子メール等の方法に代えられる旨の定めを加えることも考えられる。

修正後の条項例

「第○条（個別契約の成立）

　個別契約は、甲が乙に対し、発注年月日、業務内容、成果物、納入日、納入場所等を記載した注文書を交付し、乙がこれを承諾する請書を甲に交付することにより成立する。<u>ただし、乙が上記注文書の交付を受けた時から○日以内に請書を交付しない場合には、承諾したものとみなす。</u>」

海外の会社との契約書と印紙税

　海外の会社との契約書は、作成（意思の合致を証明する時）が国外で行われる場合には、印紙税は非課税である。印紙税法の適用地域は日本国内に限られる（国税庁ＨＰ）。英文契約書は、各当事者のサイン欄に日付を記入する例が多いが、先に国内の当事者がサインをして、後から国外の当事者がサインをすることによって、文書のサインと日付の記載から国外で意思の合致があったことを証明できるようにする。また、国外で同時にサインをする場合は、契約締結の場所を契約書に明記しておきたい。

Ⅳ 引渡し・検収と報酬の支払い

ケース13

「納入」「検収」という用語の意味合いと留意点

　受託者（乙）から提示された業務委託契約書（法的性質は請負）に次の条項がある。委託者（甲）側はどのような点に注意すべきか。

「第○条（納入・検収）
1．乙は、甲に対し、納入日に目的物を納入する。納入費用は乙の負担とする。
2．前項により乙が目的物を納入した場合、甲は、目的物を速やかに検査し、●●日以内に検査の結果を乙に通知する。
3．検査の結果が不合格の場合、乙は、甲の指示に基づき、速やかに目的物を修補し、再度納入するものとする。この場合、前項の規定を準用する。
4．目的物は、甲が乙に検査の合格を通知した時に、検収が完了したものとする。
5．甲が乙に検査の結果を通知しないまま第2項の期間が経過したときは、当該目的物は検査に合格し、また検収が完了したものとみなす。

第○条（業務委託料）
　甲は、乙に対し、業務委託料を目的物の納入日の属する月の翌月末日（同日が金融機関の休日である場合は翌営業日）限り、業務委託料を乙指定の銀行口座に振込により支払う。」

> **Point**
> - 目的物の引渡しがある場合、引渡しにより、対価の支払義務の発生、所有権の移転、危険の移転等の法律効果が発生する。
> - 「納入」「検収」の用語は、民法・商法にないため、契約上どのような意味合いで使用されているかを確認する必要がある。
> - 検収の定めがある場合、検収完了をもって引渡しがなされたことになる。
> - 下請法が適用される場合、目的物の受領後60日以内に報酬を支払う必要があるため、下請法の適用の有無は必ず確認する。

❶ 引渡しの法律効果

　民法では、報酬の支払時期は、目的物の引渡しがある請負では、仕事の目的物の引渡しと同時とされる（民633）。成果に対して報酬を支払うことを約した委任の場合は、成果の引渡しと同時である（新民648の2）。

　また、請負の目的物の所有権については、契約で別途合意しない場合は、受託者が仕事を完成して目的物を引き渡した時に委託者に移転するものと解されている。

　加えて、新民法では、請負の目的物を引き渡した場合、その引渡以後に当事者双方の責めによらずに目的物が滅失または損傷したときは追完・代金減額・損害賠償の請求や解除ができない旨定め（新民567Ⅰ、559）、目的物の引渡時に危険が移転することを明らかにしている。

　さらに、請負の目的物の引渡前から存在していた不具合が引渡後に判明した場合には、契約不適合責任の問題となる。

　このように引渡しには、民法上様々な法律効果が認められている。

❷ 法律上に定めのない用語に注意

　契約書では、引渡しと類似した、「納入」「受領」「検収」等様々な用語が使用される。しかし、民法・商法には、「引渡し」「受領」という用語はあるが、「納入」「検収」という用語はないため、民法・商法のどのような効果に結び付けて後者の2つの用語が使用されているかを考える必要がある。

　民法で「引渡し」は、占有の移転を意味し、「受領」は、「引渡し」を受け取る側から表現したものである。

　「納入」も、一般的には占有を移転する行為と考えられるため、特に定めがなければ、「引渡し」に該当する事実となる。ただし、後述するとおり、検収についての定めがある場合には、「引渡し」に該当する事実とならなくなることに注意が必要である。

　「検収」とは、目的物を受領してから検査に合格するプロセスや検査合格自体を指す。商人間の売買の場合、買主は、目的物を受領したときは、遅滞なく検査しなければならない（商526Ⅰ）。契約内容の不適合を発見したら「直ちに」売主に対しその旨の通知を発しないと契約不適合責任を追及できず、直ちに発見できない不適合がある場合は、6か月以内に契約不適合を発見できなければ、売主に対して権利行使ができなくなる（同Ⅱ）。請負の場合、商法526条の適用はないが、契約で委託者に検査を義務付け、検査に合格した場合に検収が完了したとする条項を設ける。かかる検査は、仕事が「完成」したか否か、「完成」している場合でも「不適合」があるか否かを確認するものである。

　かかる検収の定めがある場合、検査に合格した時点で「引渡し」がなされたものとみなされる旨の定めが置かれることも多い。この場合、「引渡し」の法律効果は、検査完了時点で生じるため、検査のための「納入」の時点では「引渡し」の効果は生じないこととなる。

❸ 下請法が適用される場合は受領後60日以内に支払いを

　下請法2条の2第1項では、「下請代金の支払期日は、親事業者が下請事業者の給付の内容について検査をするかどうかを問わず、親事業者が下

請事業者の給付を受領した日（役務提供委託の場合は、下請事業者がその委託を受けた役務の提供をした日）から起算して、60日の期間内において、かつ、できる限り短い期間内において、定められなければならない。」とされている。それゆえ、契約上に検収の定めがあったとしても、検査の合否にかかわらず、目的物の納入があった時点から60日（ただし、実務上の運用では2か月（公正取引委員会・中小企業庁「下請取引適正化推進講習会テキスト」平成30年11月））以内に報酬を支払う必要がある。

　また、下請法が適用される場合、同法4条1項4号により、下請事業者の責に帰すべき理由がない返品が禁止されるが、下請法運用基準（平15. 12. 11公正取引委員会事務総長通達18）により、瑕疵を原因とする返品の期間が「受領後6か月（一定の場合は1年）以内」に制限されている。ここでも、目的物の納入時から起算されることに注意が必要である。

❹ 本ケースの考え方

　本ケースでは、検収の定めが置かれているにもかかわらず、支払時期が「目的物の納入日の属する月の翌月末日」とされている。委託者としては、「納入」の意味合いをしっかりと確認する必要がある。検収の条項があることから、提示された条項のままでは、検収が完了する前の納入時点から支払時期が起算されることとなる。この場合は「検収完了日の属する月の翌月末日」と修正とした方がよい。ただし、下請法の適用がある場合には、検収完了日を起算点とすると、検収期間が長い際、下請法に抵触するおそれがあるため、本ケースで最初に提示された条項のままとする方がよい。

修正後の条項例

「第○条（業務委託料）
　甲は、乙に対し、業務委託料を目的物の検収完了日の属する月の翌月末日（同日が金融機関の休日である場合は翌営業日）限り、業務委託料を乙指定の銀行口座に振込により支払う。」

V 損害賠償

ケース14

業務委託契約書に損害賠償条項が存在しない場合

業務委託契約書に損害賠償条項が定められていない場合、委託者側、受託者側から、それぞれどのように修正すればよいか。

Point

- 債務不履行の場合の損害賠償は、民法上「通常損害」の範囲に限られる。
- 「通常損害」とは、違反行為と相当因果関係のある損害をいう。
- 「特別の事情によって生じた損害」については、当事者が不履行の時にその特別の事情を予見すべきであった場合に、被害者は、その賠償を相当因果関係の範囲内で相手方に対し請求することができる。
- 責任制限条項の規定は、限度額、対象損害などを具体的に特定すべき。

❶ 民法の原則

契約で合意していない事項、不明確な事項は補充的に民法の条文が適用されるため、契約書上に損害賠償条項がなければ、民法に従うことになる。

(1) 損害賠償義務が生じる場合

新民法415条では、債務不履行の場合の損害賠償義務を定める。債務不履行とは、履行遅滞、履行不能および不完全履行を含む概念である。

旧民法では、債務不履行に基づく損害賠償請求ができるのは、債務の

本旨に従った履行をしないときと債務者の責めに帰すべき事由により履行不能となったときと定められていたが（旧民415）、実際には、履行遅滞、履行不能、不完全履行を問わず、「債務者の責めに帰すべき事由によらない」ことを債務者が証明できれば、その損害賠償も免責されるものと解されていた。

新民法では、この点を明文化し（新民415Ⅰただし書）、さらには「債務者の責めに帰すべき事由」に関して、「契約その他の債務の発生原因及び取引上の社会通念に照らして」という要件を付した。これにより、改正前までに比べ解釈の幅が狭くなる結果、債務者に帰責性がないことについて要件該当性を認定しやすくなることが予想される。

また、新民法415条2項では、債務不履行に基づく損害賠償請求をすることができる場合において、履行不能、履行拒絶の確定的意思表示、契約解除（解除された、または、解除権が発生した）の場合には債務の履行に代わる損害賠償を請求できる旨が明記された。

(2) 損害賠償の範囲

民法416条は、損害賠償の範囲を定めている。第1項の「通常生ずべき損害」とは、その種の債務不履行があれば通常発生する損害という趣旨であるが、要するに、相当因果関係の範囲内の損害のことである。行為の責任が問われるには、行為と結果の間に因果関係があることは当然であるが、それだけではなく相当因果関係が必要とされる。

第2項は、「特別の事情によって生じた損害」（特別の事情から生じた当該事情と相当因果関係のある損害）について、新民法では、その特別事情を債務不履行時に「予見すべきであったとき」には、損害賠償責任を負う旨を定めている。

旧民法では、「予見し、又は予見することができたとき」とされていたが、単に予見可能性があるだけで損害賠償責任を認めると、契約締結後に特別事情を知らされ、責任を負わされることになるため、裁判実務では、予見可能性だけではなく、予見する義務が生じる事情に限定していた。新民法ではこの点を明確にした。

❷ 責任制限条項

　上記のとおり、債務不履行により、相当因果関係のある損害の賠償責任を負うが、「相当」というのは一義的に明確なわけではなく、想定を超える損害賠償責任を負う可能性がある。かかるリスクを回避・低減するために、損害賠償責任を限定する条項を定めることがある。

　責任制限条項は、損害賠償責任を限定することによりリスクを見積もることができるようにするという趣旨があるほか、料金に見合わない損害賠償義務の負担を回避するという公平の観点、特殊な条件下でしか発生しないプログラムの不具合により多額の損害を負担することになるとプログラム開発の業務委託が一般に成り立たなくなることを回避するといった公益的な観点からも合理性がある。

　もっとも、秘密保持契約、個人情報の保護、士業の事務の委託等の責任制限がふさわしくない対象もあることに留意する必要がある。

❸ 責任制限の規定の方法

　責任制限の方法としては、「損害賠償額の限定」「賠償の対象となる損害の限定」「請求期間の制限」等様々なタイプが考えられる。

(1)　賠償額を限定する方法

　　具体的な責任限度額が明確になるため、最も使いやすい条項である。具体的な条項例としては、次のようなものがある。

- 対価の額を限度額とする例（その1）
「乙の甲に対する損害賠償責任は、本契約に基づき乙が甲から支払いを受けた報酬の額を超えないものとする。」
- 対価の額を限度額とする例（その2）
「乙の甲に対する損害賠償責任は、その原因となる事由の発生時から遡って1年間に乙が甲から受領した報酬の額を超えないものとする。」
- 具体的上限額を設定した例

Ⅴ　損害賠償

「乙の甲に対する損害賠償責任は、債務不履行責任、種類・品質に関する担保責任、その他請求原因の如何にかかわらず、金○○円を超えないものとする。」

なお、種類・品質に関する担保責任の性質は債務不履行責任であるが、明確化のため、あえて並記した。

通常の業務委託契約では、具体的上限額を明記する例はほとんどないが、運送、宿泊約款等では、寄託物等の賠償につき具体的金額を記載している。

(2) 損害の範囲を限定する方法

逸失利益（機会損失による減益等）等一定の損害を賠償範囲から除外する方法である。逸失利益の賠償責任の免除だけでも、賠償額の相当の圧縮が期待できる。また、逸失利益は、見積りが容易ではなく、損害が膨らみやすいうえに客観的な基準による算定が困難であり、紛争が生じやすい損害の一つである。損害の範囲を限定するのは、かかる紛争を防止するという点でも有益である。

責任制限条項に基づき逸失利益の請求を否定した裁判例がある。裁判所は、「いかなる場合でも、ベンダ（受託者）の責めに帰すことのできない事由から生じた損害、ベンダの予見の有無を問わず特別の事情から生じた損害、逸失利益、データ・プログラムなど無体物の損害及び第三者からの損害賠償請求に基づくユーザ（委託者）の損害については、責任を負わない」旨の責任制限条項（下線部分）を事案に適用した（東京高判平25.9.26金判1428・16「スルガ銀行・日本IBM事件」）（下線筆者）。

(3) 請求期間を制限する方法

条項例：「……損害賠償請求は、成果物の検収完了の日から6か月以内に行わなければならない。」

新民法では契約に請求期間の定めがなければ、債務不履行に基づく損害賠償請求権の時効は、請求できることを知った時から5年または請求

できる時から10年である（新民166Ⅰ）。民法改正前は、請求できる時から、民事であれば10年（旧民167Ⅰ）、商事であれば5年（旧商522）であったが、新民法では民事と商事を一本化し、旧商法522条は削除された。履行不能の場合は、「請求できる時」が期間の起算点であるが、判例によれば「契約に基づく債務について不履行があったことによる損害賠償請求権は、本来の履行請求権の拡張ないし内容の変更であって、本来の履行請求権と法的に同一性を有すると見ることができるから、債務者の責めに帰すべき債務の履行不能によって生ずる損害賠償請求権の消滅時効は、<u>本来の債務の履行を請求し得る時からその進行を開始</u>するものと解するのが相当」（最判平10.4.24判時1661・66）とされる。

❹ 責任制限条項の限界

　事業者と消費者の間の消費者契約においては、消費者契約法8条1項2号により、事業者側に故意・重過失がある場合には、責任の一部制限条項は無効とされる。しかし、事業者同士の契約においても、故意または重過失による場合、免責・責任制限条項は公序良俗違反により無効となるか、または当該契約条項の解釈として適用除外となる。

　この点について、宿泊約款におけるホテル側の損害賠償責任を限定する旨の条項について、その適用範囲を制限した最高裁判例がある。当該事案では宿泊客が業務上の旅行をしていたため、事業者間の契約に関して、免責・責任制限条項の効力についての判断を示したものに当たり、参考になる。

　宿泊客の物品の滅失・毀損に対する損害賠償義務の範囲を制限する宿泊約款の定めにつき「（故意・重過失の場合でも）損害賠償義務の範囲が制限されるとすることは、著しく衡平を害するものであって、当事者の通常の意思に合致しないというべき」であり、「本件特則は、ホテル側に故意又は重大な過失がある場合は適用されないと解するのが相当」とする（最判平15・2・28判時1829・151）。この判例は、「当事者の通常の意思に合致しない」として、条項の解釈上、故意・重過失の場合を排除している。

また、人身損害については、免責条項・責任制限条項は、公序良俗違反により無効と解されている。

❺ 本ケースの考え方

(1) 委託者側からの修正

委託者側からすれば、損害賠償条項がなければ、民法の原則のとおり、通常損害および受託者の予見すべき事情により生じた損害の賠償を請求できるので、このまま修正しなくともよい。もっとも、民法の原則からは賠償請求の対象に含まれない損害を賠償対象にする旨の損害賠償条項を定めることが考えられる。

例えば、弁護士費用は、通常損害賠償の対象とはならない。弁護士費用を請求できるか否かは、「弁護士に委任しなければ十分な訴訟活動をすることが困難な類型に属する請求権」か否かが基準となるが（最判平24.2.24 判時2144・89）、ビジネス上の契約違反に基づく賠償請求は、通常「類型的に弁護士に委任しなければ困難」といえないからである。そこで、違反者に弁護士費用を負担させるには、その旨を規定しておくことが必要となる。

> **修正後の条項例**
>
> 「第○条（損害賠償）
> 　甲又は乙が本契約に違反し、相手方に損害を与えた場合には、相手方に対し、その損害（合理的な範囲内の弁護士費用、調査費用、専門家の鑑定費用、法的対応費用を含むがこれに限定されない。）につき賠償をしなければならない。」

(2) 受託者側からの修正

受託者側からすれば、損害賠償責任を限定したいところである。リスクを明確にするためには、上記❸(1)の条項例のように、報酬額を賠

償額の上限とするように限定する条項を入れればよい。もっとも、このような限定は委託者側から拒否されることも多い。そのような場合には、賠償する損害の範囲から、損害額が大きくなる可能性の高いものを除外するような条項にすることが考えられる。

修正後の条項例

「第○条（損害賠償）
　甲及び乙は、本契約の不履行により相手方に損害を与えた場合には、相手方に対し、その損害の賠償をしなければならない。ただし、予見の有無を問わず特別の事情による損害、逸失利益及び第三者からの損害賠償請求に基づく相手方の損害について、責任を負わない。」

Ⅵ 遅延損害金

ケース15

業務委託契約に遅延損害金額の定めが存在しない場合

委託者側から提示された業務委託契約書に遅延損害金の定めがない場合、受託者側としては、遅延損害金の定めを設ける必要があるか。

Point

- 契約上に定めなければ、遅延損害金の額は法定利率により算出される。
- 法定利率は、新民法により年3％となったが、変動金利制となり、3年ごとに見直される。
- 遅延損害金に適用されるのは、遅延が生じた時点の法定利率である。

❶ 民法上の原則

（1） 遅延損害金の利率

　遅延損害金とは、債務の履行遅滞についての損害賠償金をいう。民法上、金銭債務の不履行があった場合、その損害賠償の額については、契約により定めた利率（約定利率）が法定利率より高ければ当該利率により算定し、そうでなければ法定利率によるものとされている（新民419Ⅰ）。

　そして、法定利率について、旧民法では固定金利制をとっており、年5％としていた（旧民404）。また、商法では商事法定利率を定めており、商取引には年6％の利率が適用された（旧商514）。しかし、市場金利

が法定利率を大きく下回る状況が継続していたため、法定利率に合理性がなくなったことなどを理由に、新民法では、法定利率を施行当初は年3％としたうえで、変動金利制を採用した（新民404）。

　変動制の内容としては、3年を1期として、1期ごとに金利を次のとおり算定して変動させる。

　まず、各期の初日の属する年の6年前の年の1月から起算して5年間の隔月における短期貸付の平均利率（法務大臣が告示）を「基準割合」とし、変動があった期のうち直近のもの（直近変動期）における基準割合と当期における基準割合との差が1％以上なった場合には、1％単位で、法定利率を増減するというものである。

(2)　適用される利率の基準時

　新民法により、法定利率が変動制となったため、金銭債務の不履行が継続している場合、どの時点の利率が適用されるのかという問題が生じるが、この点については、債務者が遅滞の責任を負った最初の時点における法定利率によることが定められている（新民419Ⅰ）。

❷ 条項修正の要否の検討

　遅延損害金について契約上で何らの定めも置かなければ、上記のとおり法定利率により算定されるため、新民法施行後であれば当面遅延損害金の利率は年3％で計算される。しかし、低金利の状況が継続すれば、法定利率が3％よりも低くなる可能性もあり、あまりに低率では金銭債務の支払遅延を防止する効果を期待できない。それゆえ、金銭債務の債権者としては、契約において、上記❶の民法上の原則を変更することを検討する必要がある。

　変更の方法としては、遅延損害金を○％とする旨を明確に定めるのが簡便である。どの程度の割合とするかは、相手方との関係性や遅滞が発生する可能性の高低にもよるが、14.6％とする例は多い。その理由としては、日歩4銭に相当し計算しやすいところから慣習的に定められているようであるが、下請法4条の2により、下請事業者に支払う遅延利息が14.6％と

されていること（昭37.5.15公正取引委員会規則1）、消費者契約法9条2号で消費者が支払う遅延損害金の上限が14.6％とされていることなどから、それにならうことで過大にならないように設定しているといえる。

❸ 本ケースの考え方

本ケースでは、契約書に遅延損害金の定めがないため、このままでは遅延損害金は法定利率で算定されることになる。法定利率は、新民法施行時から3年間は3％であるが、その後変動する可能性がある。

受託者としては、業務委託料の支払遅延を防ぐという観点から、遅延損害金の条項を置き、その割合を検討しておくことが望ましい。

> **修正後の条項例**
>
> 「第○条（遅延損害金）
> 　甲及び乙は、本契約に基づく金銭債務の支払を遅延したときは、支払期日の翌日から支払済みに至るまで、年○○％の割合による遅延損害金を支払う。」

Ⅶ 債権譲渡条項の考え方

ケース 16

債権譲渡禁止条項についての考え方

業務委託契約書案に次の債権譲渡禁止条項がある。新民法下では、どのように規定するのがよいか。

「第○条（譲渡禁止）
　甲及び乙は、本契約から生じる一切の債権を、あらかじめ相手方の書面による承諾がある場合を除き、第三者に譲渡してはならない。」

Point

- 債権譲渡は、債権譲渡禁止特約があっても有効である。
- 譲渡禁止特約があり、譲受人がその特約を知っている（悪意）または容易に知ることができた（重過失）場合、債務者は、従前の債権者に弁済すれば免責される。債権譲渡は有効。譲受人に弁済しても免責される。
- 債務者が履行をしない場合は、譲受人は当該債務者に対し、「「譲渡人」に相当期間内に履行すること」を催告できる。債務者は、この履行をしないときは、「譲受人」に履行しなければならない。
- 譲渡禁止特約のある債権が譲渡された場合、譲受人の悪意・善意を問わず、債務者は供託ができる。
- 「異議を留めない承諾」の制度は、廃止された。
- 以上にかかわらず、預貯金債権については、従前と同じ扱いである。

❶ 民法改正で債権譲渡はどう変わったのか

債権譲渡の改正内容は、概ね次のとおりである。
① 債権譲渡自由の原則（民466Ⅰ本文）。この原則は、旧民法と変わらない。
② 譲渡禁止特約（条文は、「禁止」だけでなく「制限」を含め「譲渡制限の意思表示」と略称）があっても、譲渡は有効である（新民466Ⅱ）。
③ 譲受人が譲渡禁止につき悪意または重過失のときは、債務者は、譲受人に対し当該債務の履行を拒絶できる（新民466Ⅲ）。なお、履行を拒絶しなくてもよい。
④ 債務者が債務を履行しない場合は、譲受人（善意・悪意を問わない）が相当の期間を定めて債務者に「譲渡人」に支払うよう催告し、当該期間内に履行がないときは、債務者は、「譲受人」に対し当該債務の履行を拒絶できなくなる（新民466Ⅳ）。
⑤ 譲渡禁止特約のある債権が譲渡されたときは、債務者は、当該債権相当額全額を債務の履行地の供託所に供託することができる（新民466の2Ⅰ）。持参債務の場合、譲渡人と譲受人のいずれの住所地の供託所でもよい。債務者は、供託後遅滞なく、譲渡人と譲受人の双方に供託の通知をしなければならない（同Ⅱ）。供託された金銭は、譲受人に限り、還付請求ができる（同Ⅲ）。
⑥ 強制執行による差押えの場合は、従前どおり、譲渡禁止特約のある債権に対する差押えも可能である（新民466の4Ⅰ）。
⑦ 預貯金債権については、上記③の適用はなく、債務者は、悪意・重過失の譲受人に対抗することができる（新民466の5）。すなわち、従前の債権譲渡と同じ規律である。
⑧ 将来債権の譲渡が有効であることが明記され、一定の規律が明文化された（新民466の6）。
⑨ 債務者は、対抗要件具備（通知・承諾）前に取得した譲渡人に対する債権による相殺をもって譲受人に対抗できる（新民469Ⅰ）。
⑩ 債務者が対抗要件具備後に取得した譲渡人に対する債権であっても、

その債権が次に掲げるものであるときは、上記⑨と同様である。ただし、債務者が対抗要件具備<u>後</u>に<u>他人</u>の債権を取得したときは、この限りではない（新民469Ⅱ）。

a）対抗要件具備時より前の原因に基づいて生じた債権
例：対抗要件具備時より「前の原因」の賃貸借契約に基づき、具備時より「後に発生」した賃料債権を自働債権とする場合（賃借人が賃貸人に対する金銭債権を第三者に譲渡して対抗要件を具備した後に、賃貸人が、賃料債権を自働債権として当該借入金債務を相殺できる。賃貸人は、賃料不払いが生じたときに、賃料債権と借入金債務を相殺できる期待を有する。）

b）譲受人の取得した債権の発生原因である契約に基づいて生じた債権
例：将来債権の譲渡がされ、対抗要件具備後に、その発生原因となる契約が締結され、その後に債務者が当該契約に基づいて取得した債権を自働債権とする場合（ＡＣ間において、担保目的で包括的に売買代金債権を譲渡・登記し、その後にＡＢ間で対象となる売買がされた場合に、Ｂは、目的物から生じた損害賠償請求権を自働債権として、代金債権と相殺できる。）

❷ 譲渡禁止特約の規定の方法

(1) 企業間取引にはやはり必須の条項

　発注者（代金につき債務者）からすると、受注者（同債権者）の代金債権が自由に譲渡されると、どこに弁済すればよいかわからず管理が大変である。また、債権譲渡禁止特約があることで、反対債権の担保的機能を持たせることもあるので、この特約がなく、債権が譲渡される場合には目的を損なう結果となる。したがって、通常の企業間取引における契約では、譲渡禁止特約が存在するのが一般的である。新民法の下での契約でも債権譲渡の原則禁止条項は、存続するであろう。なお、業務委託契約に基づく金銭債務以外の履行請求権は、「性質上譲渡を許さない」ものとして、債

権譲渡自由の原則の例外をなすので譲渡はそもそもできない（民466Ⅰただし書）。

(2) 新民法対応の視点

それでは、新民法を踏まえて、今後、どのような契約条項にすればよいであろうか。

視点としては、①債権譲渡の原則禁止、②禁止に反して譲渡された場合の債務者（発注者）の対応方法（供託地を含む）、③特約違反が軽微でない一定の場合の解除権という3点が考えられる。③において、解除権を一定の場合に限定している理由は、その背景から理解しておくとよい。以下に解説する。

(3) 解除権が制限される背景

債権譲渡禁止特約がある場合も譲渡が可能とされたのは、中小企業等による売掛債権等を活用した資金調達を可能とするためであるとされている。しかし、特約違反の譲渡が有効であるとしても、特約違反を理由に契約自体を解除され、さらにはその後の取引等も打ち切られてしまえば、上記の民法改正の趣旨が没却されてしまう。

また、債権譲渡を禁止する目的は、上記のように弁済先の固定化と反対債権の担保的機能を期待してのことであるが、弁済先の固定化という点は、新民法により譲渡人への弁済や供託が認められたことにより、保護されている。そのため、反対債権が履行されるおそれがないにもかかわらず、債権譲渡禁止特約に違反したことのみをとらえ、契約解除や取引関係の打切り等を行った場合には、それらの行為はきわめて合理性に乏しいとして、権利濫用等にあたるとされる可能性がある。

(4) 契約解除は特約違反が軽微といえない場合のみ

この点は、内閣府規制改革推進会議の規制改革推進に関する第3次答申（平30.6.4）において、「譲渡制限特約が付されていても、債権の譲渡の効力は妨げられないこと。少なくとも資金調達目的での債権譲渡について

は、契約の解除や損害賠償の原因とはならないこと。さらに、債権譲渡を行ったことをもって契約解除や取引関係の打切り等を行うことは極めて合理性に乏しく、権利濫用に当たり得ること。」を政府解釈として国民に幅広く周知するように述べられている。

このような解釈を踏まえると、債権譲渡禁止特約に違反した場合でも、契約解除を認めるのは、受託者が債務の履行を完了しないおそれがある場合などのように、影響が軽微とはいえない場合に限定すべきであろう。

❸ 本ケースの考え方

本ケースの設問の条項は、従前よく見られたスタンダードなものである。このままの条項で、新民法の条文に従って実務で対応してもよいが、取扱いの明確化を兼ねて、上記の視点から規定例を掲げる。

修正後の条項例

「第〇条（譲渡禁止）
1．甲及び乙は、本契約から生じる一切の債権を、あらかじめ相手方の書面による承諾がある場合を除き、第三者に譲渡してはならない。
2．前項にかかわらず、甲又は乙が、相手方の事前の書面による承諾を得ずに、本契約から生じる金銭債権を第三者に譲渡し、その旨を相手方に通知したときは、相手方は、任意に次の対応をすることができ、この場合、当該債権につき一切免責されるものとする。
　（1）　譲受人とされた者に弁済すること。
　（2）　供託所に供託すること。
3．乙（受託者）が、本契約に基づく受託業務の履行を完了する前に、前2項の債権譲渡をしたときは、これにより乙がその受託業務の履行を完了しないおそれがないことを速やかに証明した場合を除き、甲は、本契約を解除することができる。」

Ⅷ 再委託

ケース17

再委託の可否と留意点

　システム開発の業務を委託する契約を締結する予定であるが、受託者（乙）から提示された業務委託契約書に、次の条項がある。委託者（甲）としては、どのように修正すればよいか。

「第○条（再委託）
　乙は、自らの責任において、委託業務の全部または一部を第三者に再委託することができる。」

Point

- 法的性質が請負の場合には、原則として再委託が可能である。
- 法的性質が準委任の場合には、原則として再委託は禁止される。
- 上記原則を修正するには、契約上に明記しなければならない。
- 再委託を認める場合でも、委託する業務の内容に応じて、事前の書面による許可等を要求するなど、一定の制限を設けることが望ましい。

❶ 再委託の可否

(1)　請負の場合

　法的性質が請負の場合、民法では、再委託（下請負）について定めた条項はないが、請負は、仕事の完成が目的であることから、どのように

仕事を完成させるかという過程は問題とならない。受託者が自ら業務を行う必要はなく、再委託をすることは可能と解されている。そのため、受託者自らが業務を行うことを希望する場合には、契約上で明確に再委託を禁止する旨を定める必要がある。

(2) 準委任の場合

　法的性質が準委任の場合、委任の目的が業務の遂行自体を目的とするものであることから、委託者が自ら業務を行う必要がある（自己執行義務）。このことから、旧民法では再委託（復委任）に関する条項はないが復代理に関する民法104条が類推適用され、委託者の許諾を得たとき、またはやむを得ない事由があるときでなければ、再委託はできないと解されていた。

　新民法では、かかる解釈を明文化し、復受任者の選任および権利義務を定める644条の2が新設された。

　それゆえ、準委任の場合、受託者が再委託を自由に行うためには、契約上でその旨を定める必要がある。

❷ 再委託を認める場合

　受託者としては、業務の一部を再委託する方が効率がよかったり、経費を節減できたり、また、その分野に詳しい事業者に任せる方が品質が高くなるなどの場合には、再委託を希望することもある。このような場合、委託者としては、受託者を信用して委託先を選定していることから、無制限に再委託を認めるのは危険である。少なくとも、事前に書面による許可を要求すべきであるし、委託する業務によっては、再委託先が信頼できる業者であるのか把握するため、事前に再委託先の名称、連絡先等の通知を求めるなどの手続きを定める必要があるだろう。

　また、受託者に対し再委託先の義務の履行について一切の責任を負わせることも重要である。

　加えて、委託業務に個人情報の取扱いが含まれる場合には、委託者には受託者の監督が法律上も義務付けられている（個人情報保護法22）。そし

て、「個人情報の保護に関する法律についてのガイドライン（通則編）」（平28.11.30個人情報保護委員会告示6）では、委託者は、再委託先、再委託する業務内容、再委託先の個人データの取扱方法等について、受託者から事前報告を受けることまたは承認を行うこと、委託先を通じてまたは必要に応じて自らが、定期的に監査を実施すること等により、受託者が再委託先に対して委託先の監督を適切に果たすこと、再委託先が個人情報保護法20条に基づく安全管理措置を講ずることを十分に確認することが望ましいとしている。それゆえ、受託者が再委託先に個人データの取扱いを委託する場合には、その取扱方法等について、受託者から委託者に報告し、承諾を求めることを義務付けることが考えられる。

❸ 本ケースの考え方

　本ケースで最初に提示された条項は、受託者が自由に再委託ができる内容であり、委託者としては、認めがたい内容である。顧客情報等の営業秘密や個人情報の取扱いを委託するような場合はなおさらである。

　本契約が準委任の性質を持つものであれば、本条項を単純に削除すれば、民法の原則に従い、再委託は原則禁止され、行う場合は委託者の許諾が必要になる。

　しかし、システム開発業務の委託の場合、委託する業務の内容によっては、準委任だけではなく請負の性質を併せ持つ場合もある。このような場合には、再委託の条項を削除しただけでは、請負の性質を持つ委託業務について、再委託が自由にできることになってしまう。

　そこで、事前に書面による許可を得た場合にのみ、再委託を認める内容に修正することが考えられる。

　また、再委託先の信用性を把握できないような場合には、事前承諾を求めるだけではなく、再委託先に本契約上の受託者の義務と同等の義務を負わせることを受託者に義務付け、さらには、再委託先の行為について、受託者に全責任を負わせることも有効である。

修正後の条項例

「第○条(再委託)

1．乙は、甲の書面による事前の承諾を得ない限り、委託業務の全部または一部を第三者に再委託してはならない。

2．乙が、委託業務の全部または一部を第三者に再委託する場合、乙は、当該第三者(以下「再委託先」という。)に対し、本契約により乙が負担する義務と同等の義務を課し、再委託先の義務の履行その他の行為について一切の責任を負う。」

Ⅸ 契約の解除

ケース 18

契約解除条項についての留意点

業務委託契約を締結することとなったが、相手方から提示された契約書には契約解除条項がなかった。契約解除条項を設けたいが、その際の留意点は何か。

Point

- 旧民法上では催告解除が原則（履行不能等の場合を除く）であった。
- 新民法では、催告解除のほか、無催告解除の規定が新設された。
- 契約解除に、債務者の責めに帰すべき事由（帰責事由）が不要となった。
- 契約で定める契約解除事由と民法の解除事由は並存する。
- 契約解除事由に形式的に該当しても解除が有効にできるとは限らない。
- 「支払停止」「支払不能」など、契約解除事由を正確に理解しておく。

❶ 民法の契約解除の原則

契約の解除により、契約は終了する。解除の効力は遡及的であり、相互に原状回復義務を負うのが原則である（民545Ⅰ）。これに対し、「解約」は非遡及的に（将来に向かって）契約を終了させる意思表示であるが、解約の趣旨で「解除」の用語を使用しているものも見受けられる。

民法は、履行遅滞、不完全履行、履行不能（新民541、542）による解除を定めているが（法定解除＝債務不履行が前提）、契約により一定の解

除事由に基づく解除権を定めることも可能である（約定解除）。いずれの場合も契約の解除により、契約の効力は失われる。ただし、解除といっても、上記のとおり、将来に向かって継続的契約の効力を喪失させる「解約」を意味することがあり、いずれであるかは、当該解除権の趣旨（法律上の性質、当事者の意思）に応じることになる。

❷ 債務不履行解除に関する民法改正の内容

(1) 帰責性の要否

　旧民法では、債務不履行解除には、債務者に責めに帰すべき事由があることが必要と解されていた（債務不能につき旧民543ただし書）。しかし、新民法では、解除（新民540以下）を債権者（相手方に履行を請求する者）の契約関係からの離脱と位置付けており、債務者の帰責事由は必要とされていない。ただし、帰責事由のある債権者からの解除は認められない（新民543条）。

　また、旧民法下でも軽微な債務不履行の場合には信義則や権利濫用等で解除権の発生・行使が制限されることがあったが、解除を制限する明文規定はなかった。新民法では、付随的債務の不履行など不履行の程度が重要でない場合にまで解除を認めるのは不合理であることから、軽微な債務不履行について解除を制限する541条ただし書が設けられた。なお、相当期間経過時の債務不履行が軽微であることが条件であり、何度も催告することによって軽微でなくなるわけではないことに注意してほしい。

(2) 催告の要否

　旧民法下では、相当期間を定めて履行を催告し、当該期間内に履行がない場合に解除できるのが原則であり（旧民541）、催告することなく解除できるのは、定期行為の履行遅滞（旧民542）と履行不能（旧民543）のみであった。しかし、債務者が明確に履行を拒絶している場合など催告をさせることが無意味な場合がある。このような観点から、新民法では、次の場合には、催告することなく解除ができるようにした（新

民542)。
① 債務の全部の履行が不能であるとき。
② 債務者がその債務の全部の履行を拒絶する意思を明確に表示したとき。
③ 債務の一部の履行が不能である場合または債務者がその債務の一部の履行を拒絶する意思を明確に表示した場合において、残存する部分のみでは契約をした目的を達することができないとき。
④ 契約の性質または当事者の意思表示により、特定の日時または一定の期間内に履行をしなければ契約をした目的を達することができない場合で、履行されずにその時期を経過したとき。
⑤ 上記①～④のほか、債務者がその債務の履行をせず、債権者が催告をしても契約をした目的を達するのに足りる履行がされる見込みがないことが明らかであるとき。

上記のように、新民法では、債務不履行があり、「催告をしても契約をした目的を達するのに足りる履行がされる見込みがないことが明らかであるとき」に無催告解除が可能とされている（新民542Ⅰ⑤）。

❸ 契約解除条項例の解説

契約上で民法に定められているもの以外の解除事由を定めることは可能である。業務委託契約では、契約解除条項が定められているのが一般的である。

以下、巻末の契約書ひな形で挙げている解除事由について簡単に解説する（本書掲載「業務委託契約書（請負型）」第18条1項各号参照）。

① 「本契約に違反し、相当の期間を定めて催告したにもかかわらずこれを是正しないとき」
継続的契約において、すべての契約違反を無催告解除事由とするとお互いに不都合が生じるおそれがある。そこで、無催告解除が必要な重大な契約違反は、別に定めておく。これにより、新民法541条ただし書に

おける「軽微な債務不履行」に該当しないことを明確にすることができる。

「相当の期間」とは、是正に通常必要とされる期間であるが、ケースバイケースである（例えば、支払遅延であれば、本来の支払期限に資金準備をしておくのは当然なので、支払手続上の過誤を是正するのに必要な程度の期間と考えられる）。

② 「約定の期間内に本契約を履行する見込がないと認められるとき」

本契約を解除して他に発注したり、作業を中止して損失を最小限に留めたりするなどの対応を可能にするものである。

③ 「仮差押、差押、強制執行若しくは競売の申立てがあり、若しくは滞納処分を受け、又はそれらのおそれがあると認められるとき」

「申立て」時を基準とし、条件に「おそれ」を入れて債権者側で早い段階から動きやすくする。解除事由には通常「仮処分」の定めがある。しかし、仮処分は、債務者の資力とは無関係なので（民事保全法23）、契約の目的に関連しない「仮処分」は不要である。ただし、取引の対象物について特許権侵害を理由とする販売禁止の仮処分が想定できる場合などは「仮処分」の定めはあってもよい。

④ 「破産手続開始、民事再生手続開始、会社更生手続開始若しくは特別清算等の申立てがあったとき、又はそれらの手続開始等の要件に該当する事由があると認められるとき」

「開始したとき」という記述では、申立てから開始まで動きがとれない。「申立てをしたとき」という記述だけでは、債権者の申立てに対応できない。要件該当事由にまで条件を広げると、動きがとりやすい。古い書式では「和議」「会社整理」（法律上すでに廃止）の文言が残っていることがあるが、差し支えない。

倒産手続の趣旨に反する解除の効力は否定される可能性がある（最判平20.12.16民集62・10・2561：ファイナンス・リース契約のユーザに

ついて民事再生手続開始の申立てがあったことを契約の解除事由とする旨の特約は民事再生手続の趣旨、目的に反するので無効とした)。

⑤「支払停止若しくは支払不能に陥ったとき、又はその振出、保証、裏書、引受をした手形若しくは小切手が不渡りとなったとき」

「支払停止」は、弁済期の到来した債務を一般的かつ継続的に弁済できない旨を外部に明示的・黙示的に表示する行為をいう。「支払不能」(客観的な状態)は、倒産手続開始の要件であり、また、その段階での債務者による一部の債権者を満足させる行為が手続開始後に否認の対象となる。「支払停止」は「支払不能」を推認させる(破産法15Ⅱ)。「支払(の)停止」の用語は、破産法等の各種倒産手続法のほか、会社法(「清算」の箇所)、民法(根抵当権の被担保債権の範囲)に見られる。

⑥「重要な事業の停止、廃止、譲渡又は解散(合併による消滅の場合を含む。)の決議をしたとき」

取引能力、支払能力に問題が生じうる事由である。形式的にこの事由に該当しても、契約の継続に重大な影響が生じない場合には、解除事由とならないと考えるのが合理的である。

⑦「合併その他の組織再編又は株主構成若しくは役員の変動等により実質的支配関係が変化したとき」

いわゆるチェンジ・オブ・コントロール(支配権変更)条項である。取引先が当方の競合会社や信用に問題のありそうな会社に買収されたような場合、契約を終了させる必要が生じる。そのため、この条項は敵対的買収防止のために設定されることもある。将来の不確実な状況に対応しうる抽象的な条項なので、その効力はそのときの具体的な事情に応じて判断される(合理的解釈)。

⑧「重大な契約違反又は背信行為があったとき」

「重大な契約違反」とは契約の目的を達成できない程度の契約違反を

想定している。範囲について争いが生じる可能性があるので、対象となる事由を具体的に例示しておく方法もある。

⑨「上記各号の一に準ずる事由その他本契約の継続を困難とする事由が発生したとき」

　一定期間継続することが予定される業務委託契約では、予測できない事由が生じうるので、包括条項は設けておくべきであろう。

破産法の「支払の停止」

　債務者（給与所得者）の代理人弁護士が債権者一般に対し債務整理開始通知（「破産申立準備」との記載はない）を送付した行為が破産法162Ⅰ①イ及びⅢにいう「支払の停止」に当たるとした判例がある（最判平24.10.19判時2169・9）。

　債権者一般に宛てた通知に「当職らは、この度、後記債務者から依頼を受け、同人の債務整理の任に当たることになりました。」、「今後、債務者や家族、保証人への連絡や取立行為は中止願います。」などと記載されていたものの、債務の具体的内容、債務整理の方針等が記載されていない場合において、原審は、この通知の送付は「支払停止」に当たらないとしたが、最高裁は、「支払停止」に当たるものと判断し、通知後の特定の債権者に対する弁済の否認を肯定した。

　本判決には、判断の射程距離に関し、「一定規模以上の企業、特に、<u>多額の債務を負い経営難に陥ったが、有用な経営資源があるなどの理由により、再建計画が策定され窮境の解消が図られるような債務整理の場合において、金融機関等に『一時停止』の通知等がされたりするときは、『支払の停止』の肯定には慎重さが要求されよう。</u>」との補足意見があり、この趣旨は、契約書の解除事由として記載されている「支払停止」にも当てはまるものと思われる。

X 継続的契約の終了

ケース19

契約の期間・更新に関する条項と契約の終了

相手方から提示された業務委託契約書案に、契約期間に関する次の定めがある。文言どおり、1年ごとに自由に契約を終了できると考えてよいのか。

「第○条（期間・更新）
　本契約の有効期間は、契約締結の日から1年間とする。ただし、期間満了の3か月前までに、いずれかの当事者から書面により本契約を更新しない旨の申入れがないときは、本契約は同一条件で更に1年間継続するものとし、以後も同様とする。」

Point

- ◉継続的契約の場合、契約期間の定めがあっても、相手方から更新の申し入れがなされると約定どおりに契約を終了できないことがある。
- ◉期間の定めのない継続的契約は、原則としていつでも解約できるが、信義則により制約が生じる。

❶ 継続的契約の特殊性

業務委託契約は、相当程度長期間にわたり継続する場合がある。このような継続的契約は、契約当事者に継続を期待させることから、その終了を

めぐって紛争となることが多い。契約継続を期待した当事者を保護する観点から、裁判例では、契約書に契約期間の定めがある場合や解約申入れに関する定めを置いている場合でも、当該条項に従った契約の終了や解約を単純に認めるわけではなく、更新拒絶や解約に正当事由を要求するなど一定の制約を加えることがある。なお、継続的契約でもある委任の性質を有する場合は、委任契約の解約法理の影響を受けることがあるが、第 3 章Ⅳ「中途解約」で解説する。

❷ 期間の定めのある契約の期間満了・更新

継続的契約には、期間の定めのある契約とその定めのない契約があるが、前者については、新民法では不採用となったものの、「民法（債権関係）の改正に関する中間試案」（法務省、平 25）（第 34　継続的契約　1　期間の定めのある契約の終了）の考え方が参考になる。その概要は、次のとおりである。

① 期間の定めのある契約は、その期間の満了によって終了する。
② 当事者の一方が契約の更新を申し入れた場合において、<u>当該契約の趣旨、契約に定めた期間の長短、従前の更新の有無及びその経緯その他の事情</u>に照らし、当該契約を存続させることにつき<u>正当な事由がある</u>と認められるときは、当該契約は、<u>従前と同一の条件で更新</u>されたものとみなすものとする。ただし、<u>その期間は、定めがないものとする</u>。

これは、概ね裁判実務で採られている考え方をまとめたものである（ただし、事案ごとに判断方法は異なり、大枠の考え方は別として、一致した考え方とはいいにくい）。すなわち、更新時の両当事者の各種事情により、期間満了にかかわらず、一方当事者が契約の存続を望むときは、その存続が正当と評価できる事由があれば、契約は終了しない（この場合、期間の定めがなくなるので、後記❸の場合となる）。

継続的契約は信義則が特に強く支配する。そして、継続的契約の更新拒絶、解除は、期間満了、解除事由の存在だけでは足りず、やむを得ない事由ないし正当事由が必要となる場合がある（「正当事由」といっても「存続に正当事由があるときに更新拒絶を否定する」とする考え方と「更新拒

絶に正当事由があるときに終了を認める」とする考え方があり、証明責任の所在が異なってくる）。したがって、契約条項の定めだけでは、期間満了による契約終了には対応できないので、そのリスクを認識（いずれの側からも「正当事由」の整備等）しておく必要がある。

　次に掲げるのは、契約の性質、従前の経緯等により、約定期間満了による契約終了が認められなかった裁判例である。

> 大阪地判平17.9.16判時1920・96
> 　一定期間継続することが前提となっている肉まん供給業務委託契約につき、契約書の期間の定めにかかわらず、期間の定めのない契約とし、解約に「正当な事由」が必要とした。そして本件は、そのような正当な事由がないものとし、解約の効力を否定して一定の逸失利益の賠償を認めた。
> 　判決は「『正当な事由』が必要であるか否かは、契約の目的物の性質、当事者の性質等事案の特質を考慮して判断するのが相当である」とし、本件契約の目的物（肉まん）は、「（受託者）等が共同で開発した（受託者）の……各店舗で販売される商品であったこと、……（委託者）には肉まんの商品情報、製造のノウハウ等がすべて開示されることとなっていたこと、（委託者）には月100万個の発注が約束されていたこと、また、（委託者）の工場施設の改善等について（受託者）側から指導がされることとなっていたことの各事実に照らせば、本件契約は一定期間継続されることが当事者間において前提となっていたというべきである。したがって、本件契約を解約する際には、『正当な事由』が必要である。」とした。
> 　また、判決は「（委託者）は、肉まんの供給が可能になってから、少なくとも1年間の取引を期待する立場にあった」として1年間の逸失利益を認めた。

　次の裁判例は、上記と逆に更新拒絶が認められた事例であるが、更新を拒否した当事者（業務の委託者）の事業上の重要な利益を損なう具体的な事実が存在していた場合である。

> 東京地判平 22.11.19 判時 2106・64
> 　委託者は、30 年以上の期間、商品の販売促進業務を受託者に委託していたが、契約の更新を拒絶したため、受託者が合理的理由のない更新拒絶は不法行為に当たるとして損害賠償を求めた。
> 　裁判所は、「（委託者）は更新拒絶の理由について<u>価格競争が激化、店舗に対する販売促進活動は事業の生命線であること、（受託者）の本件販売促進業務が満足し得る内容であったとは考え難いことを理由</u>としているところ、……（受託者内でスタッフに関するトラブル等により円滑に業務を遂行できない事情）……これらの事実からすれば、<u>（委託者）による本件業務委託契約の更新拒絶は、一応の合理性があったといえる。</u>」とした。
> 　ちなみに、上記「一応の合理性」という文言は、当該合理性を基礎づける事情にかかわらず、更新（契約存続）を正当化できる特段の事情がある場合は、別の結論になりうる旨のニュアンスを含む。

　実際の運用としては、更新拒絶ないし解約にあたって、明らかに正当な事由がない限り、相当程度の予告期間をおいたり、相当程度の損失補償を行ったりする等の配慮をするのが安全である。

❸ 期間の定めがない継続的契約の終了

　❷と同じく、中間試案（第 34　継続的契約　2　期間の定めのない契約の終了）の考え方を要約する。
① 　期間の定めのない契約の当事者の一方は、相手方に対し、いつでも解約の申入れをすることができる。
② 　解約の申入れがされたときは、当該契約は、解約の申入れの日から相当な期間を経過することによって終了する。
③ 　当該契約の趣旨、契約の締結から解約の申入れまでの期間の長短、予告期間の有無その他の事情に照らし、当該契約を存続させることにつき正当な事由があると認められるときは、当該契約は、解約の申入れによっては終了しない。

これも、概ね裁判実務で採られている考え方をまとめたものである。期

間の定めがない契約は、原則として、いつでも相当の予告期間を置いて解約できる。この法理は、民法に明確な規定があるわけではなく、裁判実務で採られている。この考え方に触れた裁判例がある。

> 仙台地決平6.9.30判時1553・126
> 　委託者が、長年更新を重ねた運送委託契約の解約を通知したため、受託者が契約の存続を求めて地位保全の仮処分を申し立てた事案である。
> 　判決は、「本件契約は、期間の満了ごとに<u>当然更新を重ねて</u>、<u>あたかも期間の定めのない継続的契約と実質的に異ならない状態で存続していた</u>……、……<u>契約を終了させる意思表示は、右のような契約の一部を終了させる趣旨のもとにされたのであるから、その実質において解約の意思表示に当たり、その効力を判断するに当たっては、期間の定めのない継続的契約の解約の法理を類推するのが相当である。そうすると、債務者が……契約を解約するためには、債権者に対し、相当の予告期間を置いて解約を告知することが必要であると解されるところ、……右の予告期間は、これを6か月間とするのが相当である。</u>」とし、すでに契約終了の意思表示から6か月が経過していることから運送委託契約は終了しているとして仮処分の被保全権利は存在しないとした。

❹ 本ケースの考え方

　以上のとおり、継続的契約の場合、容易に契約を終了できるわけではない。どのように条項を工夫しようと、この法理を変えることはできない。また、予告期間の相当性は、法的判断であるので、当事者間で明確な基準によることができず、リスクは見積もりにくい。

　継続的契約を更新せず終了させたい場合、一つのプロジェクトとして、事案に応じ、3か月から1年程度の期間をかけて、徐々に取引を縮小したり、別の取引先を紹介したり、また、一定の補償をするなどして、正当事由の整備を図り、相手方の当該取引依存性を解消させていく試みが必要であろう。

第3章

請負型・業務委託型の業務委託契約書審査のポイント

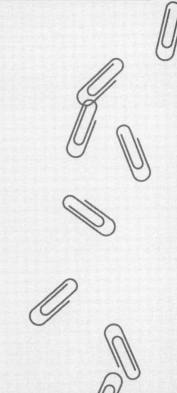

I　業務の内容

ケース20

業務の内容を契約書とは別途定めることとする条項

　システム開発の業務を委託するため、業務委託契約書を締結したいが、受託者から提示された契約書には、委託する業務の内容について次のような記載がある。修正する必要はあるか。

「第○条（業務の内容）
　甲が乙に本件業務を委託する。本件業務の内容は別途定める。」

Point

- 合意する業務内容は、業務委託契約の法的性質の判断材料となるとともに、契約不適合責任の有無の判断基準となる。
- 業務内容は可能な限り具体的に定める必要がある。
- 契約締結時点において業務内容を確定できない場合には、後日書面等により業務内容を当事者で合意して、業務内容を明確にする。

❶ 業務の内容を明確にすることの重要性

(1)　法的性質の判断材料となる

　契約内容の検討を行ううえで、その法的性質を見極めることは必須である。民法上の典型契約の性質を有している契約には、補充的に民法、商法の規定が適用されるため、締結しようとしている契約に民法、商法

のどの規定が適用されるのか、民法、商法上の権利義務を契約上で修正する必要がないかを確認しなければならないからである。

業務委託契約は、役務提供を行う契約の代表的なものであるが、委託される業務が多種多様であることから、その内容に応じて請負または準委任（場合によっては、その両方）の性質を有する。

このように業務委託契約の法的性質を判断するうえで、業務の内容は極めて重要である。業務内容が抽象的で不明確だと、法的性質を判断できず、予期せぬ義務を負うおそれがある。

(2) 契約不適合となるか否かの判断基準となる

旧民法では、目的物に「瑕疵」が存在した場合の取扱いについて、売買契約と請負契約のそれぞれに規定が設けられ、異なる規律が適用されていたが、新民法では、請負契約における担保責任に関し、売買契約における契約不適合責任に関する規律を包括的に準用したため、両者は同一の規律に服することになった（民559）。

そして、新民法では、旧民法で売主の担保責任を認めていた「瑕疵」と「数量不足等」をあわせて、「種類、品質又は数量に関して契約の内容に適合しない」（契約不適合）という概念に置き換えるとともに、このような担保責任を債務不履行責任と構成し、委託者に、一次的には履行の追完（すなわち、修補、代替物・不足分の引渡し）請求（新民562）、二次的に報酬減額請求（新民563）、また、そのほかに民法の一般原則に従った損害賠償請求、解除（新民564）を認めることとなった。

かかる担保責任が生じる契約不適合か否かを判断する基準となるのが契約した業務内容である。業務委託契約の場合は、委託業務の内容がまさに契約不適合の判断基準となる。それゆえ、いかなる業務を委託したのかが不明確であれば、契約不適合責任の有無について、契約当事者間で意見が分かれ、紛争に発展するおそれがある。

業務内容については、このように、業務委託契約の法的性質を判断するためだけではなく、契約不適合責任の有無を判断するうえで重要となるため、可能な限り契約書に明確に定める必要がある。

❷ 契約締結時点で業務内容を明確にできない場合

　製品やシステムの開発にかかる業務委託の場合、契約締結時点では、開発する製品・システムの大まかな機能等は決まっていても、具体的な仕様までは決まっていないことがある。委託者が製品やシステムについての専門知識を有していない場合には、委託者のみで仕様を決定することができず、知識を有する受託者から具体的な仕様の提案を受けて、最終的な仕様を決定することになるからである。

　仕様とは、制作するものに関し要求される形状・構造・寸法・成分・精度・性能・製造方法等であり、まさに請負の目的である仕事の内容に他ならない。しかし、契約時点で仕様が決定していない場合には、業務委託契約書においては、仕様を記載できない。このような場合、その時点で記載が可能な内容をできる限り詳細に記載し、契約締結後に具体的な仕様を決定する旨を定めざるを得ないだろう。

　契約締結後に、仕様を決定する場合に重要なのは、決定した仕様の内容を記録に残し、当事者双方がこれに同意したことを明確にすることである。最終的な仕様が決定するまでに、受託者は何度も仕様案を提示し、委託者の希望に合わせ修正するという作業を行うため、どの段階での仕様が最終的なものかがわからなくなってしまう事例がある。

　どの時点での仕様が最終的なものかがわからなければ、契約不適合責任の有無で紛争になる。それだけではなく、仕様が決定した時点について、当事者双方の認識に齟齬があると、その後の仕様の変更は、業務内容の変更ということとなり、追加の料金が発生する。このような追加料金の支払いに関しても紛争が生じるおそれがある。

　このような事態を回避するために、仕様を決定する際には、仕様書等を作成し、当事者双方が権限ある者による押印をなすのが望ましい。このような書面は、契約書と一体をなすものとして、取り扱われることになろう。なお、裁判例では、契約締結前に受託者が提出した提案書を契約書と一体をなすものとして、当該提案書の内容に従い、業務を行う義務を認めたものがある。

東京地判平 16.3.10 判タ 1211・129
「被告は、電算システム開発契約の締結に当たり、……契約締結に先立ち、電算システム提案書を提出し、その内容に基づくシステム開発を提案し、これを了承した原告と電算システム開発契約を締結したものであるから、電算システム提案書は、契約書と一体を成す……。したがって、被告は、電算システム開発契約の契約書及びこれと一体を成す提案書に従って、システムを構築し、納入期限までに電算システムを完成させるべき債務を負っていた」

❸ 本ケースの考え方

　本ケースはシステム開発の業務委託である。まず、契約締結までに仕様を確定できるか確認し、できないのであれば仕様を後日決定することとするのもやむを得ない。しかし、「甲が乙に委託する業務の内容は別途定める。」との条項のみでは不十分と言わざるを得ない。少なくとも、どのようなシステムの開発であるかがわかるように、システムの開発業務を委託すること、開発するシステムがどのようなシステムであるかを、可能な限り具体的に記載すべきである。また、後日決定するための手続きとして、仕様書に双方が押印すべきことも記載することが望ましい。

修正後の条項例

「第○条（業務の内容）
　甲は、乙に対し、●●●●システム（以下「本件システム」という。）の開発業務を委託する。本件システムの仕様については、別途甲乙協議の上、仕様書を作成し、甲乙が記名押印することによって決定する。」

Ⅱ 対価等の支払い

ケース21

対価の範囲と額、支払方法について定める条項

　新商品の製造を依頼された委託者（甲）から提示された業務委託契約書には、業務委託料の支払いについて、次のような定めがある。受託者（乙）としては、どのように修正すべきか。

「第○条（業務委託料等）
1．業務委託料は、○○円とする。
2．甲は、乙に対し、第○条による検収が完了した日の属する月の翌々月末日（同日が金融機関の休日である場合は翌営業日）限り、業務委託料を乙指定の銀行口座に振込により支払う。」

Point

- 請負の報酬は、後払い（目的物があるときは引渡しと同時）が原則。
- 途中で契約が終了した一定の場合、既に行った業務の結果のうち可分な部分の給付によって委託者が利益を受けるときは、受託者は当該利益の割合に応じた報酬を請求できる。
- 割合的報酬を請求しやすくするためには、対価を、できる限り細分化して定める。
- 委託業務の過程で知的財産権が生じ、これを委託者に譲渡（または許諾）させるときには、委託業務の対価に知的財産権移転の対価が含まれることを契約上で明記する。

❶ 完成後払いの原則

　請負の報酬の支払時期は、仕事の目的物の引渡しと同時、目的物の引渡しを要しないときは仕事が完成した後というのが民法上の原則である（民633）。請負の目的が仕事の完成であることから、仕事が完成しなければ報酬を請求する権利を得られないというのが基本的な考え方である。

❷ 割合的報酬の請求

(1)　民法の規律

　仕事の完成が請負の目的だとしても、委託者が一定の利益を受けているにもかかわらず、仕事が完成しない限り一切報酬を請求できないというのは、不公平である。そこで、新民法では、仕事が完成していなくても、次の場合には、委託者が受けた利益の割合に応じた報酬を請求できる旨の規定を新設した（新民634）。

　① 注文者の責めに帰することができない事由によって仕事を完成することができなくなったとき。
　② 請負が仕事の完成前に解除されたとき。

　新民法は、仕事が完成していない場合について、帰責事由の所在によって、規律を分けている。

請負人（受託者）に帰責事由がある場合	注文者（委託者）が受ける利益の割合に応じて報酬請求が可能。（新民634①）
当事者双方に帰責事由がない場合	
注文者（委託者）に帰責事由がある場合	全額報酬請求（反対給付）が可能。ただし、得た利益は償還。（新民536Ⅱ）

　また、仕事の完成前に契約が解除された場合にも（帰責事由の有無・所在を問わない）、割合的報酬請求を認めている（新民634②）。

(2)　契約上のポイント

　請負の場合にも割合的報酬請求が認められることになったとはいえ、「仕事の結果のうち可分な部分の給付によって注文者が利益を受けると

き」にその「利益の割合に応じて」報酬を請求できるとされるのみで、受託者がどの程度の報酬を請求できるかは一義的に明確ではない。そのため、受託者が実際に支出した費用よりも報酬が少なくなる可能性もある。

　旧民法の下での裁判例では、作業工程ごとに報酬額を定めている場合には、工程途中で契約が終了した場合でも、作業が終了している工程分の報酬の請求を認めた事例がある（最判昭 56.2.17 判時 996・61）。そのため、新民法下においても、作業工程ごとに報酬額を定めていれば、終了した工程については、委託者が利益を受けたとして、その工程分の報酬請求が認められやすくなるものと予想される。そこで、契約書では、できる限り、作業工程ごとの報酬額を明記しておくことが望ましい。

❸ 知的財産権の対価

　業務委託の対価の条項を定める場合には、知的財産権の対価が含まれるのか否かを明確にすることも重要である。業務委託の成果物と業務の過程で生じた知的財産権は、別個の価値を有するものと観念される。したがって、取引上優越した地位にある委託者が、一方的に、この受託者の権利を自己に譲渡（または許諾）させるなどした場合には、優越的地位の濫用として問題を生じる可能性がある（「役務の委託取引における優越的地位の濫用に関する独占禁止法上の指針」（平 10.3.17 公正取引委員会）参照）。

　ただし、当該権利の対価を別途支払う、または同対価を含む業務委託料を合意したときは、成果物にかかる権利譲渡の対価が不当に低い場合や成果物にかかる権利譲渡を事実上強制する場合などでない限り、優越的地位の濫用の問題とはならない（上記指針参照）。

　それゆえ、業務委託の過程で知的財産権が生じる場合で、当該知的財産権を委託者に譲渡（または許諾）させるときには、業務委託料に知的財産権移転の対価が含まれることを契約上で明記する必要がある。

❹ 本ケースの考え方

　本ケースの委託業務は、新商品の製造である。新商品の製造の場合、新

商品の仕様が確定するまで試作品の製作を重ね、仕様が確定してから量産するという段階を踏むことが多い。このような場合には、仕様確定までの工程と量産の工程で報酬を分けることはできるが、量産に至らない段階で契約が終了してしまうこともある。

そのため、契約が途中で終了した場合でも、割合的報酬を請求できるように、仕様確定までの段階の業務委託料と仕様確定後の量産段階の報酬を分けて定めることが望ましい。これにより、量産に至らなかった場合でも、仕様確定分までの業務委託料を請求できる可能性が高まる。

また、知的財産権が発生する業務であれば、知的財産権が移転（許諾）されるのかを確認し、移転（許諾）されるのであれば、業務委託料に知的財産権移転の対価が含まれる旨を契約上定める必要がある。

なお、本ケースにおいて、下請法の適用がある場合には、委託者は、納入から60日（実際の運用では2か月（公正取引委員会・中小企業庁「下請取引適正化推進講習会テキスト」平成30年11月））以内に業務委託料を支払わなければならない（下請法4条の2）。この起算点は、検収完了時点ではなく、納入（目的物の占有移転）の時点であることに留意する。

修正後の条項例

「第○条（業務委託料等）
1．業務委託料は、○○円とし、その内訳は次のとおりとする。
　　仕様確定までの工程分：○○円
　　納品までの工程分：○○円
2．甲は、乙に対し、第○条による検収が完了した日の属する月の翌々月末日（同日が金融機関の休日である場合は翌営業日）限り、業務委託料を乙指定の銀行口座に振込により支払う。
3．業務委託料には、第○条第○項及び第○項に基づく権利移転の対価を含むものとする。」

知的財産権の移転と対抗要件

　委託業務を遂行する過程において、著作権や特許権等の知的財産権が生じることがある。例えば、システム開発の業務委託契約では、プログラムの著作権が生じうる。このような場合、知的財産権は、創作・発明等を行った受託者が原始取得するが、契約により委託者に移転させることも多い。

　ところで、新民法では、売買について、売主の義務として、売買の目的である権利の移転について対抗要件を備えさせる義務を負う旨を定めている（新民560）。かかる規定は、有償契約である請負、準委任においても準用される（民559）。これにより、成果物の知的財産権が移転する場合には、新民法560条の準用により、受託者は移転した知的財産権について対抗要件を具備する義務を負うことになる。

　権利の発生に登録が要求される特許権、意匠権等については、権利が移転した場合に登録変更を行うことが通常であるが、著作権については権利の発生に登録を要しないことから、一般的には登録を行わず、権利移転時にも登録変更は行わないのが通常であった。しかし、新民法560条により登録が義務付けられた結果、委託者から対抗要件の具備を求められれば、受託者としてはこれに応じざるを得ず、予期せぬ手間がかかる可能性がある。業務委託により創作したプログラムの場合、創作性が認められず、著作権自体が生じない場合も多いので、実務上当該条項が適用される場面は限られるだろうが、受託者側は予期せぬ手間がかからないように、契約上で、「委託者は対抗要件具備請求権を放棄する」旨を定めておくことも考えられる。

Ⅲ 瑕疵担保責任・契約不適合責任

ケース22

旧民法の下で作成された瑕疵担保責任条項の修正

　従来の業務委託契約書に次の瑕疵担保責任条項がある。新民法の施行に当たって修正すべき点はあるか。

「第○条（瑕疵担保責任）
　甲は、第○条に定める検収完了から１年以内に目的物に瑕疵を発見し、乙に対し、その旨を通知したときは、当該瑕疵が甲の責めに帰すべき事由による場合を除き、当該瑕疵の修補又は代金の減額を求めることができ、また、これらの請求に代えて、又はこれらの請求とともに損害の賠償を求めることができるものとする。」

Point

- 新民法では、請負人の担保責任に関し、売買の規定が包括準用される。
- 「瑕疵」の概念は、種類または品質に関して「契約の内容に適合しない」（以下「契約不適合」という）という概念に置き換えられた。
- 注文者のとりうる救済手段は、①履行の追完（修補、代替物・不足分の引渡し）請求、②報酬減額請求、③損害賠償請求、④解除となった。
- 必ずしも契約目的を達成できないとまではいえない場合にも催告解除をすることが可能であることが明確となった。
- 請負における担保責任に関して、存続期間の基算点や注文者がなすべき行為が緩和され、売買における担保責任と同様の規律となった。

❶ 売買における担保責任の準用

　請負は、請負人が仕事を完成させることの対価として、注文者が報酬を支払うことを内容とする契約であり、（仕事を完成した後に）目的物を相手方に引き渡す代わりに対価を受領するという点で、売買と類似する側面を有している。旧民法では、目的物に「瑕疵」が存在した場合の取扱いについて、売買と請負について別々に規定が設けられていたが、新民法では、請負における担保責任に関し、売買における契約不適合責任に関する規律を包括的に準用した（新民559）。これにより、両者について適用される規律の平仄を合わせている。

❷「瑕疵担保責任」と「契約不適合責任」の違い

(1) 「瑕疵」は「契約不適合」に置き換える

　具体的な改正点としては、請負における担保責任に関し、売買と同様、「瑕疵」に代えて、「契約不適合」という概念を用いている。これは、従来の判例を明文化したものである（法務省HPの民法の改正に関する説明資料P.42：http://www.moj.go.jp/content/001259612.pdf〔2019.4.10閲覧〕）。建設業法などの関係法令においても基本的に「瑕疵」という用語を修正している。

(2) とりうる救済手段

　注文者のとりうる救済手段は、旧民法では、修補請求、損害賠償請求、解除であった（旧民634、635）のに対し、新民法では、売買と同様、①履行の追完（すなわち、修補、代替物・不足分の引渡し）請求、②報酬減額請求、③損害賠償請求、④解除となった（新民562〜564）。

(3) 催告による解除を認める範囲の拡大

　解除権の行使については、旧民法では、契約目的を達成できない場合に、注文者に契約解除を認めていた（旧民635）ため、必ずしも契約目的を達成できないとまではいえない場合について、注文者が催告のうえ、

契約を解除（旧民541）することができるかという点について見解の対立があった。これに対し、新民法では、旧民法635条に相当する規定が削除され、債務不履行に関する一般原則が適用されることとなり、契約目的を達成できないとまではいえない場合にも、催告解除（新民541）が可能であることが明確となっている。

　旧民法では、請負の目的物に瑕疵があり、契約目的を達成できない場合であっても、請負の目的物が建物その他の土地の工作物であるときは、契約解除を認めていなかった（旧民635ただし書）が、このように解除を制限することには合理性を見出しがたいことから、新民法ではかかる制限は撤廃されている。

(4)　担保責任の存続期間は、「不適合を知ってから1年」

　担保責任の存続期間に関しては、従前は目的物の引渡しから1年以内に瑕疵の修補または損害賠償の請求および契約の解除をしなければならない（旧民637）とされていたのに対し、新民法ではかかる期間制限が緩和され、注文者が契約不適合を知った時が、「1年」という期間制限の起算点とされている。すなわち、仕事の目的物の種類または品質が契約内容に適合しない場合に、注文者がその不適合を知った時から1年以内にその旨を通知しないときには、履行の追完請求、報酬減額請求、損害賠償請求、解除をすることができなくなり（新民637）、基本的に売買契約（新民566）と同様の規律が設けられている（ただし、数量に関する担保責任については、このような1年という期間制限は適用されない）。なお、ここでの「通知」とは、内容把握が可能な程度に、不適合の種類・範囲を伝えることをいう。

❸ 契約上でとりうる手当て

　新民法では、請負契約における担保責任について、売買契約に関する規定が準用される（新民559）。したがって、注文者が目的物の修補、代替物の引渡し、不足分の引渡しのうち、いずれかを選択した場合であっても、請負人は、注文者に不相当な負担を課すものでないときには、注文者が請求した方法と異なる方法による履行の追完をすることができる（新民562Ⅰただし書）。注文者においては、自己の選択する方法で履行の追完がなされるようにすべく、請負において新民法562条1項ただし書は適用されないことを契約上であらかじめ合意しておくことも考えられる。

　また、注文者は、相当の期間を定めたうえ、履行の追完を催告し、その期間内に履行の追完がないときに報酬減額請求をすることができる（新民563）。これは、新民法における報酬減額請求が、契約の一部解除に類する機能を有することから、契約の解除と同じく、債務者に対する履行の催告（新民541）が、報酬減額請求の要件とされたものと説明される。注文者側としては、履行の追完請求をせずに、報酬減額を請求したいと考える場合もありうることから、請負契約上で、報酬減額請求の前提として履行の追完について催告することを要しない旨規定することも考えられる。

❹ 本ケースの考え方

　本ケースの条項は、注文者（甲）の救済手段として、瑕疵の修補請求、代金減額請求、損害賠償請求を規定している。新民法下では従来の救済方法に加え、新民法541条または542条の定めに従い、注文者が解除権を行使することも可能である。

　このほか、「瑕疵担保責任」を「契約不適合責任」へと新民法の概念に直したうえ注文者側として、設問の条項を修正して、①履行の追完請求の内容として、瑕疵の修補に限らず、代替物または不足物の引渡しを求めることも可能であること、②請負人側（乙）で履行の追完方法を選択することができないように、新民法562条1項ただし書の適用を排除すること、③代金減額請求の要件として、履行の追完についての催告を要しないこと

や、④注文者の権利行使期間について、「検収完了から1年以内に通知する」という制限を撤廃し、新民法637条における規律（不適合を知った時から1年以内に通知）と合わせることも考えられよう。具体的には、以下のような条項例が考えられる。

修正後の条項例

「第○条（契約不適合責任）
1．甲が、乙の納入した目的物の種類又は品質が本契約の内容に適合しないことを知った時から1年以内に、乙に対して、その旨を通知した場合には、その不適合が甲の責めに帰すべき事由による場合を除き、本契約の内容に適合しない部分についての修補、又は代替物若しくは不足分の引渡し（以下「履行の追完」という。）を求めることができる。この場合、甲による履行の追完の請求に関し、民法第562条第1項ただし書は適用しないものとする。
2．前項の場合において、甲は履行の追完についての催告をすることなく、履行の追完に代えて、乙に対して代金の減額を求めることができる。
3．前2項の規定は、甲による解除権の行使及び乙に対する損害賠償請求を妨げるものではない。」

Ⅳ 中途解約

ケース23

中途解約に関する定めが置かれていない場合の解約の可否

相手方から提示された業務委託契約書に中途解約に関する定めがない。委託者側、受託者側それぞれの立場から、中途解約に関する定めを設けるよう修正する必要があるか。

Point

- ●委託者は、いつでも請負契約を中途解約できる。
- ●契約を解除された場合、受託者は、損害賠償と割合的報酬を請求できる。
- ●損害賠償請求が認められる場合でも、受託者に過失がある場合には、過失相殺の可能性がある。
- ●契約の中途解約に備え、受託者としては、予告期間や違約金の定めを置くことを検討する。

❶ 中途解約に関する民法上の原則

(1) 注文者には契約の解除権がある

民法上、注文者は、仕事の完成までは、いつでも損害を賠償して請負契約を解除することができるとされている(民641)。請負による役務提供を受けるのは委託者(注文者)であり、委託者が希望しないのであれば、無理に役務提供を受けさせるのは不合理であるし、解約により生じる損害賠償を受けられるのであれば、受託者にもそれほどの不利益は

ないと考えられるからである。

(2) 割合に応じた報酬請求を規定

　旧民法において、中途解約の際に受託者に認められた請求権としては、上記(1)の民法641条による損害賠償請求権のみであった。新民法では、仕事の完成前に解除されたときは、委託者が受けた利益の割合に応じた報酬を請求できる旨の規定を新設した（新民634）。かかる規定により、民法641条に基づき契約を中途解約された場合でも、業務を行った部分について報酬を請求できる。もっとも、旧民法下においても、裁判例では、既作業部分の報酬相当額について請求を認めていたので（後述東京地判平16.3.10判タ1211・129ほか）、実務上は大きな違いはないだろう。

(3) 契約の解除にまつわる紛争について、過失相殺が認められた事例

　実際に民法641条による損害賠償を認めた裁判例を紹介する。この事例は、システム開発会社である受託者にシステム開発を委託した委託者のケースで、委託者の協力を得られなかった結果、受託者が納入期限までにシステムを完成することができなかったことについて、委託者が債務不履行による契約の解除を主張し、既払いの委託料の返還を求めた事案である。

　裁判所は、システム開発会社である受託者に、委託者のシステム開発へのかかわりについて適切に管理し、システム開発について専門的知識を有しない委託者によって開発作業を阻害する行為がされることのないよう委託者に働きかける義務（プロジェクトマネジメント義務）を認めた。その一方で、委託者にも、システム開発過程において、資料等の提供その他システム開発に必要な協力を受託者から求められた場合、これに応じて必要な協力を行うべき義務（協力義務）を負っているものとして、納期までにシステムを納入できなかったのは、上記の当事者双方がプロジェクトマネジメント義務および協力義務を怠ったことによるものであり、いずれか一方の当事者のみの責めに帰すべき事由によるものとはいえないとして、当事者双方の債務不履行責任を否定した。

そのうえで、民法641条による解除を認め、委託者の損害賠償義務を認めたものである。この損害賠償額を算定するにあたり、裁判所は、次のように判示した。

> 東京地判平16.3.10判タ1211・129
> 「……注文者が同法（民法）641条により請負契約を解除した場合においても、請負人にも損害を分担させることにより、請負人と注文者間の公平を図るのが相当なときは、同法418条を類推適用することができると解するのが相当である。本件についても、被告（請負人）に損害を分担させることにより、被告と原告国保間の公平を図るのが相当であるから、同条を類推適用し、請負人である被告の事情を斟酌することとする。
> そして、前記のとおり、原告国保（注文者）は、懸案事項の解決を遅延し、開発作業の遅れの一因を作ったものであるが、被告も、開発作業の遅れの一因を作るなど、システム開発受託者として行うべき役割を怠った点があり、それらの内容、程度等前記認定の一切の事情を斟酌すれば、被告に生じた損害について、6割の過失相殺（類推適用）をするのが相当である。……」

この事例のように民法641条による損害賠償請求においても、過失相殺がなされる場合があることに留意する必要がある。

❷ 中途解約に関する注意点

上記のとおり、受託者には、損害賠償請求権のほか、割合的報酬請求権が認められることになったが、中途解約されれば、受託者は、未履行部分に関する報酬を得られなくなる。受託者としては、業務を行えば報酬を得られるという期待が裏切られることになり、契約を締結しても解約されてしまうのではないかという不安が常に付きまとうことになる。特に、取引先が少なく、一つの契約の解約が会社の存続に直結するような場合には、少しでも中途解約に対応できるようにしておきたいところである。

中途解約は完全に避けることが難しいとしても、できる限り中途解約されないように、中途解約をした場合には違約金が発生するようにすること

が考えられる。また、契約終了後に備えるための準備期間を得られるように、解約までに相当程度の予告期間を設けることも実務上有用である。

❸ 本ケースの考え方

(1) 委託者側の考え方

委託者（甲）としては、中途解約の定めがない場合は、民法上の定めに従い、受託者の損害を賠償すれば、いつでも中途解約が可能である。特に、契約を修正する必要はない。

(2) 受託者側の考え方

受託者（乙）としては、民法の原則による中途解約の可能性を考える必要がある。解約された場合、損害賠償と割合的報酬を請求するのみで足りるのであれば、修正しなくともよいが、可能な限り解約を防ぐという趣旨で、下記の条項例のように、違約金の定めを置くことも考えられる。また、解約までにある程度の準備期間が欲しいのであれば、解約に相当程度予告期間を設けるのが望ましい。

修正後の条項例

「第○条（中途解約）
1. 甲は、乙に対して○か月前までに書面にて通知するとともに、中途解約に関する違約金として○○円を支払うことにより、本契約を解約することができる。
2. 甲は、前項により本契約を解約する場合には、前項の違約金の支払いのほか、当該解約日までに、乙がすでに履行した委託業務の割合に応じた業務委託料を支払うとともに、乙に生じた損害を賠償するものとする。」

Ⅴ 所有権と危険負担の移転時期

ケース24

所有権の移転時期を定める条項と危険負担の関係

　委託者（甲）から提示された業務委託契約に次の条項がある。受託者（乙）として、どのように修正すべきか。

「第○条（所有権の移転）
　目的物の所有権は、目的物の検収完了時に甲に移転する。

第○条（危険負担）
　目的物の滅失、損傷その他の一切の損害のうち、目的物の検収完了前に生じたものは、甲の責めに帰すべき事由による場合を除き、乙の負担とし、目的物の検収完了時以降に生じたものは、乙の責めに帰すべき事由による場合を除き、甲の負担とする。」

Point

- ◉目的物の所有権は、引渡時に委託者に移転するのが原則である。
- ◉目的物が滅失・損傷した場合の危険は、引渡時に委託者に移転するのが原則である。
- ◉所有権の移転と危険の移転は、一致させなくてよい。

❶ 所有権の移転

(1) 民法上の原則

　民法上、請負の目的物の所有権については、当事者のいずれが材料を提供したかによって決まるが、受託者が仕事を完成して目的物を引き渡したときは、原則としてその時点で所有権が委託者に移転するものと解されている（当事者の通常の意思表示。民176）。

(2) 条項修正の方向性

　所有権の移転時期は、契約により自由に定めることができる。

　委託者としては、目的物の所有権を早く取得したいと考えるので、一般的には引渡時（検収の定めがある場合には検収完了時）とする。さらに早くしたい場合には、完成時とすることも考えられる。

　これに対し、受託者としては、目的物の所有権が業務委託料支払いの担保となりうるため、業務委託料の完済時まで目的物の所有権を確保しておくことが考えられる。

❷ 危険負担の移転

(1) 民法上の原則

　当事者双方の責めに帰することができない事由により、目的物が滅失・損傷した場合や債務が履行できない場合に、かかる危険を債権者、債務者のいずれの当事者が負担すべきかという問題が危険負担の問題である。

　かかる危険負担について、旧民法では、債務者主義を原則としつつ（旧民536Ⅰ）、特定物に関する物権の設定・移転を双務契約の目的とした場合などに、例外的に債権者主義を採っていた（旧民534、535Ⅰ・Ⅱ）。しかし、履行時までに目的物が滅失しても代金を支払うことになる債権者主義については、債権者に大きな負担を負わせることとなる。

　そこで、新民法では、債権者主義を定めた旧民法534条、535条1項、2項を削除し、特定物に関しても債務者主義によることとなった。また、

売買について、目的物の引渡しをした場合、その引渡以後に当事者双方の責めによらずに滅失・損傷したときは、追完・代金減額・損害賠償の請求や解除ができない旨を定め（新民567Ⅰ）、目的物の引渡時に危険が移転することを明らかにしている。かかる規定は、有償契約である請負においても準用される（民559）。

　請負において、仕事の完成後から目的物の引渡しまでの間に目的物が滅失・損傷した場合は上記のとおりであるとして、当事者双方の責めに帰することができない事由により仕事が完成しなかった場合はどのようになるのか。旧民法上、仕事の完成義務を負う請負においては、このような場合について明文規定がなかったため、後払いの原則を定める旧民法633条に従い、仕事が完成していない以上、報酬を請求できないという結論になる（ただし、判例では報酬の一部請求が認められていたケースもある）。

　しかし、新民法では、委託者の責めに帰すことができない事由によって仕事を完成できなくなったときは、委託者が受けた利益の割合に応じた報酬を受託者は請求できる旨が定められた（新民634①）。これにより、当事者双方の責めに帰することができない事由により仕事が完成しなかった場合は、業務を行った部分について報酬を請求できることが明らかにされている（第3章Ⅱ❷も参照）。

　なお、危険負担の効果については、旧民法では、反対給付債務が消滅するとされていたが（旧民536Ⅰ）、新民法では、反対給付債務の履行を拒絶することができるものとされた（新民536Ⅰ）。当事者双方に帰責事由がない場合でも、契約の解除が可能であることから（新民541〜543）、反対給付債務を消滅させたい場合には、契約を解除することになる。

(2)　条項修正の方向性

　危険の移転時期は、契約により自由に定めることができるため、委託者としては、危険の移転時期をできるだけ遅くしたいであろうし、受託者としては、できるだけ早くしたいところである。実務では、民法の原

則のとおり、引渡時としていることが多い。しかし、検収の定めがある業務委託契約の場合、納入から検収完了まで相当程度の期間を設けることもあり、その間は、危険が移転しないまま、目的物が委託者の支配下に置かれることなる。受託者としては、委託者の支配下にある以上、検収の完了を待たず、納入の時点で危険を移転させるのが望ましい。

なお、所有権の移転時期と危険の移転時期を同じにすることも多いが、所有権の移転と危険の移転に論理的な関連はないので、異なる時期とすることも可能である。

❸ 本ケースの考え方

本ケースの条項は、所有権も危険も検収完了時点で委託者に移転するものとしている。検収の定めがある場合、検査に合格した時点で「引渡し」がなされたものとみなされる旨の定めが置かれることも多い。この場合、「引渡し」の法的効果は、検収完了時点で生じるため、民法上の原則（占有の移転により引渡しとなる）を変更することになる。

受託者としては、所有権の移転時期を遅くして、報酬の支払いを担保する機能をもたせることがある。委託者の信用が高くない場合などには、所有権の移転時期を業務委託料の完済時とする条項に修正することが考えられる。

一方、危険の移転時期は、報酬支払いの担保とは異なり、当該目的物に対する支配の移転（納入）と一致させることが合理的なので、特に検収の定めがあり、納入と引渡しとの間に相当程度の期間が生じる本ケースの場合には、検収完了時ではなく、納入時に危険が移転する条項に修正することが考えられる。

修正後の条項例

「第○条（所有権の移転）
　目的物の所有権は、業務委託料を完済した時に甲に移転する。

第○条（危険負担）
　目的物の滅失、損傷その他の一切の損害のうち、目的物の納入前に生じたものは、甲の責めに帰すべき事由による場合を除き、乙の負担とし、目的物の納入以降に生じたものは、乙の責めに帰すべき事由による場合を除き、甲の負担とする。」

表現、用語・用法

法律文書を作成する場合には、形式面では次の点に注意が必要である。
① 平易、簡潔、明確な表現に心がける。
② 民法の原則や通例の考え方と異なる内容の場合「その趣旨が明確になるよう表現上の工夫をするのが通常」とされる（最判平 9.2.25 判夕 937・100）。
③ 用語・用法は、解釈の基準となるため、法令の用語・用法と異ならないようにしたい。例えば、「以前」と「前」とでは、前者が基準時を含むのに対し、後者はこれを含まない。それゆえ、「危険は、引渡前は乙、引渡後は甲が負担する。」と条項に記述すると、基準時である引渡時はいずれが危険を負担するか定めていないことになる。

第4章

準委任型の業務委託契約書審査のポイント

I　業務の内容

ケース25

委託業務の内容を明確にする条項

　委託者（甲）は、新商品の開発のためマーケティング調査を実施したいと考え、マーケティング調査会社である受託者（乙）に調査を依頼した。受託者から提示された業務委託契約書には、次のような記載がある。委託者としては、どのように修正すべきか。

「第○条（委託業務）
　甲は、乙に対し、以下の業務を委託し、乙はこれを受託する。
　（1）委託業務
　　　　①マーケティング調査業務
　　　　②前号に付帯する業務
　（2）契約期間：○年○月○日～○年○月○日
　（3）業務委託料：○○円」

Point

- 合意による業務内容は、業務委託契約の法的性質の判断材料となるとともに、契約債務不履行の判断基準となる。
- 業務内容は可能な限り具体的に定める必要がある。
- 成果物の引渡しが予定されている場合には、その旨も明記する。

❶ 業務の内容を明確にすることの重要性

(1) 法的性質の判断材料となる

　これまでにも述べたとおり、民法上の典型契約の性質を有している契約には、補充的に民法、商法の規定が適用されるため、契約の法的性質により、当事者が負う権利義務が異なる。業務委託契約は、その内容に応じて請負または準委任（場合によっては両方）の性質を有するが、いずれを有するかは、業務内容によって判断される。それゆえ、業務の内容は極めて重要であり、可能な限り詳細に定めておくことが望ましい。

(2) 債務不履行の判断基準となる

　準委任型の業務委託において、委託業務の内容は、まさに受託者が負う債務の内容である。その内容が明確に定められていなければ、受託者が行った業務が「債務の本旨に従った履行」といえるのか否かが不明確となる。このような点からも、委託業務の内容は具体的に記載することが重要である。

❷ 明確化の方向性

(1) 基本的な事項

　準委任の場合、委託者に対する信用を基礎としていることから、誰が委託業務を行うかが重要となる場合も多い。たとえば、スポーツ競技のコーチング契約などは、準委任と考えられるが、有名なコーチに指導を受けたいと考えて選手は相手方と契約したのに、その人とは違う人がコーチとして来たというのでは、契約をした選手は納得しないであろう。

　また、よくある紛争事例としては、受託者が行った業務の内容が、委託者が想定していたレベルよりも低く、業務完了後に委託者が債務不履行を主張するという事案である。

　このような紛争を避けるためには、委託する業務について、抽象的に列記するだけではなく、いつ、誰が、どこで、何の（何に対しての）、どのような業務を、どのように行うかを明確に定めておくことが重要で

ある。また、どのような目的で業務を委託したのかを定めておくことも、業務内容を明確にするうえでの助けとなる。

(2) 成果物の有無と対応方法

準委任型の業務委託の場合でも、成果物の引渡しが予定されている場合がある。例えば、調査業務を委託した場合には、調査報告書が提出されるであろう。

新民法では、委任事務の履行により得られる成果に対して報酬を支払うことを約した場合において、その成果が引渡しを要するときは、報酬は、その成果の引渡しと同時に支払うものとされ（新民648の2）、支払時期や割合的報酬請求について、通常の役務提供型の委任とは異なる取扱いがなされる（第4章Ⅱ参照）。

成果報酬型の業務委託の場合、成果物を提出しなければ、報酬が発生しないようにしたいときには、その旨を契約書に明記しなければならない。また、このように成果物の引渡しが予定されている場合には、その納入期限、納入場所、納入方法についても定めておく必要がある。

❸ 本ケースの考え方

本ケースは、新商品の開発のためのマーケティング調査である。マーケティング調査といっても、調査の方法は多種多様である。また、開発する商品によって、ターゲットとする顧客層が異なるため、調査対象もこれに合わせる必要があるし、どこで販売するか、どのような方法で販売するかによって、調査を実施する場所も異なるだろう。マーケティング調査について知識がない場合には、委託者は、どのような調査が必要かについて、受託者のコンサルティングを受けることも考えられる。このような場合には、契約締結時点で調査方法の具体的な内容まで定められないことも考えられるが、可能な範囲で調査内容を記載することが望ましい。

また、マーケティング調査の結果については、調査報告書の提出を求めるべきであることから、この点も業務内容として明記する必要がある。

修正後の条項例

「第○条（業務委託）

　甲は、乙に対し、以下の業務を委託し、乙はこれを受託する。

(1) 委託業務

　　①新商品開発のためのマーケティング調査

　　　調査対象：20代～40代の女性

　　　調査場所：○○○

　　　調査方法：路上でのアンケート調査（アンケートの内容については、甲乙協議の上決定する。）

　　②調査報告書の作成業務

　　③前各号に付帯する業務

(2) 業務期間：○年○月○日～○年○月○日

(3) 成果物：調査報告書

(4) 成果物の提出期限：○年○月○日

(5) 成果物の提出方法：電子メールで甲指定のアドレスに送信する。

(6) 業務委託料：○円（成果報酬）」

委任の成果

　委任契約における「成果」は、「仕事の完成」を体現するものではないが、遂行した作業の結果は想定できる（試作品、計算結果、報告書など）。民法は、受任者に対し、事務処理の状況の報告、委任終了後の経過・結果の報告を義務付けており（民645）、作業のプロセスの記録の作成・提出等、準委任の業務委託契約において「成果物」とされているものは、この報告義務に関し、具体的、明確にその報告内容を定めるものも多いと考えられる。

Ⅱ 対価等の支払い

ケース26

対価の範囲と額、支払方法について定める条項

受託者(乙)から提示された業務委託契約書には、次のような記載がある。委託者(甲)としては、どのように修正すべきか。

「第○条(業務委託料等)
1. 業務委託料は○○円とする。
2. 甲は、乙に対し、成果物の提出した日の翌月末日(同日が金融機関の休日である場合は翌営業日)限り、業務委託料を乙指定の銀行口座に振込により支払う。
3. 乙が委託業務を遂行するために支出した費用は、甲の負担とする。」

Point

- 委任には、役務提供型と成果報酬型がある。
- いずれの場合も、委任の報酬は後払いが原則である。
- 新民法により、割合的報酬請求権が認められた。
- 費用は、委託者が負担するのが原則である。

❶ 報酬に関する民法の定め

(1) 後払いが原則

　民法上では、特約がなければ、報酬を請求することができないとされている（民648Ⅰ）。もっとも、商法512条により、商人がその営業の範囲内において他人のためにある行為をしたときは、相当の報酬を請求することができることから、企業間の取引であれば、通常報酬が発生する。また、受任者が事業者の場合、報酬の合意がされたと認められる場合が多いであろう。

　そして、その報酬は、委任事務を履行した後でなければ請求できないことが原則である（民648Ⅱ本文）。

　また、準委任であっても、成果がある場合には、当該成果に対して報酬を支払うことを約することもある。旧民法では、このような成果報酬型の委任の場合に支払時期に関する明文規定がなかったが、新民法では、成果報酬型の委任については、請負と同様に、その成果の引渡時に報酬を支払うことが明記された（新民648の2）。

　なお、期間によって報酬を定めた場合には、例外的に期間の経過後に報酬を請求することができる（民648Ⅱただし書）。

(2) 割合的報酬の請求

　新民法では、委任事務の履行ができない場合でも、既にした履行の割合に応じた報酬を請求できる旨の規定を新設した（新民648Ⅲ）。従来も受任者の帰責事由によらないで途中で契約が終了した場合には、すでに履行した部分について、割合的に報酬を請求することができた（旧民648Ⅲ）。しかし、事務処理が委任契約の目的であるので、受任者の帰責事由による契約終了とはいえ、履行がある部分に対して報酬が全く請求できないというのは不合理である。この理は、役務提供型の契約類型に当てはまるため、雇用契約でも同様の規定が定められた（新民624の2）。

　具体的には、次の場合に割合的報酬を請求できる（新民648Ⅲ）。

①　委任者の責めに帰することができない事由によって委任事務の履行ができなくなったとき。
②　委任が履行の途中で終了したとき。

　また、成果報酬については、新民法648条の2第2項で請負の割合的報酬に関する規定（新民634）を準用し、次の場合に割合的報酬を請求できるものとしている。
①　委任者の責めに帰することができない事由によって成果を得ることができなくなったとき。
②　委任が成果を得る前に解除されたとき。

(3)　契約書における注意点
　上記のとおり、報酬の支払時期や割合的報酬請求については、通常の役務提供型と成果報酬型で適用される民法上の規定が異なることになる。それゆえ、契約書を作成する際には、役務提供型なのか、成果報酬型なのかを意識し、成果報酬型であれば、その点が明らかになるようにすることが望ましい。

❷ 費用に関する民法の定め

　受託者は、委託業務の遂行にあたり、費用を支出した場合や債務を負担した場合には、当該費用の償還や当該債務の弁済を委託者に請求することができる（民649、650）。
　業務委託契約書では、費用負担に関する条項が定められていない場合も見受けられる。この場合、委託者が費用を負担することになるが、委託者としては、想定外の費用を請求されないように、費用負担を受託者としたいところである。もっとも、費用負担を拒否するだけでは、受託者に受け入れてもらえない場合もありうる。その場合、委託者が費用を負担する条件として、費用について事前承認を要求することなどが考えられる。

❸ 本ケースの考え方

　本ケースの第2項が成果物の提出を前提とした規定であることから、成果物の引渡しを予定する契約であることがわかる。しかし、第1項では、業務委託料の金額が定められているのみであり、これが役務提供の対価であるのか、役務提供の成果に対する対価であるのかが不明確である。成果報酬型の契約であれば、その点を明確にすべきである。

　また、第3項は民法の原則を確認しただけの条項である。委託者としては、費用負担はやむを得ないとしても、想定外の費用負担を避けるため、事前承認を求めたい。可能であれば、通常の費用は業務委託料に含まれるものとし、特別の費用が生じる場合のみ事前承認を得ることを条件に委託者が負担すると定めることも考えられる。

修正後の条項例

「第○条（業務委託料等）
1．委託業務の成果に対する対価である業務委託料は●●円とする。
2．甲は、乙に対し、成果物の提出した日の翌月末日（同日が金融機関の休日である場合は翌営業日）限り、業務委託料を乙指定の銀行口座に振込により支払う。
3．乙が委託業務を遂行するために支出した費用は、<u>事前に甲の書面による承諾を得た場合に限り</u>、甲の負担とする。」

「相当な報酬」の発生

京都地判平 6.10.31 判タ 879・241
　作業者の一定の作業について、契約がなくても「相当な報酬」が発生するとした裁判例であり、ホテルの建築企画・設計の依頼が、商法 512 条に該当し相当な報酬（他社に発注した同じホテルの建築計画業務に関する報酬と同金額）を認めた。
「本件のホテルの建築計画は、総工費が数十億円には達する規模の事業であり、口頭で企画設計の依頼はあったとしても、依頼に基づき原告がなすべき具体的な業務の範囲や段階は必ずしも明確に決定されておらず、報酬支払に関する合意は口頭ですらなされていないし、契約書等の文書も何ら作成されていない以上、……原被告間でホテル建築に関する設計委任契約が締結されたものとは認め難い」としながら、「企画設計案の作成は、被告のためになされた行為であり、商人である原告の営業行為に属するものであることは明らかであり、原告は被告に対し、商法 512 条に基づき相当額の報酬請求権を有する」とした。

Ⅲ 中途解約

ケース27

契約期間のみが定められている場合の解約の可否

受託者から提示された業務委託契約書に次の条項があるが、中途解約に関する定めがない。中途解約はできないのか。また、中途解約をした場合に損害を賠償する義務は生じるか。

「第○条（期間）
　本契約の有効期間は、契約締結日から１年間とする。ただし、各当事者から期間満了前３か月前までに更新しない旨の申入れがないときは、更に１年間更新され、以後も同様とする。」

Point

- 委任契約は、信頼関係が存続の基礎をなす。
- 委任契約は、期間の定めがある場合でも、原則としていつでも中途解約ができる。
- 相手方に不利な時期や受任者の利益（専ら報酬目的のものを除く）をも目的とする場合に中途解約すると、損害賠償責任を負う。
- 中途解約により受任者が報酬を受けられなくなること自体は、損害にならない。
- 委託者が解約権自体を放棄したものと解される事情がある場合は、解除が認められないことがある。

❶ 任意解約権

(1) 委任の解約法理

　委任は、委任者、受任者のいずれも、いつでも解除ができる（民651Ⅰ。この「解除」は将来に向かって契約を終了させる「解約」のこと）。これは、期間の定めがない場合だけではなく、契約期間の途中であっても同じである。

　旧民法の下では、判例により、契約が受任者の利益をも目的として締結されたときは、解除できないと解されていた（最判昭58.9.20判時1100・55参照）。しかし、信頼関係が存続の基礎をなす委任契約において、当事者の一方が継続を希望しない契約を強制的に継続するのは不合理であるし、受任者の利益については損害賠償によることが可能である。

　そこで、新民法では、相手方に不利な時期に委任契約を解除する場合または受任者の利益をも目的とする委任契約を委任者が解除する場合には、委任者に損害賠償を義務付けることにより、解除が可能であることを明らかにした（新民651Ⅱ②）。

　判例理論によると、「委任者が委任契約の解除権自体を放棄したものと解されない事情がある」ときには、受任者の利益をも目的とする委任を解除できるとしているが（最判昭56.1.19判時996・50）、要するに、委任者が「解除権を放棄していないこと」（「解除権自体を放棄した」とは解されない事情）を証明できれば、解除権は否定される。

　なお、解除権の放棄に関し、期間の定めのある委任契約（受任者の利益をも目的とする委任）において、契約条項、契約目的を勘案し、解除権の放棄を否定して、契約期間中の解除を認めた裁判例がある（受任者の損害賠償請求は一部認容。東京地判平26.2.5判時2229・26）。このように単なる期間の定めだけでは、解除権の放棄とは認められないことに留意が必要である。

(2) 継続的契約の解約

　契約の題名にかかわらず、委任の性質を有する継続的契約がある。そ

の場合、委任の性質を踏まえて、第2章X「継続的契約の終了」とは異なる考慮が必要となる。次の裁判例は、契約の性質が準委任であることと、委託業務の内容が高度の信頼関係の存在を前提としているところから、委託者の自由な判断により契約終了を認めたものである。

> 東京地判平 25.1.21 判時 2192・53
> 　原告と被告（コンビニエンスストア）のクリーニング取次サービス契約（原告の業務は工場指導、市場調査等の多岐にわたり、サービス実施のために重要な役割を果たし、売上代金の7％の配分を受ける）は、「<u>準委任契約の性質を有することからすれば、高度な信頼関係が存在することが前提となっているのであり、それが維持できないとすれば、契約関係を解消することができるのが原則であって</u>」、「<u>被告は、理由の有無にかかわらず、自由な判断により期間満了による契約の終了の通知をすることができると解するのが相当</u>」とした。

　このように継続的契約といっても、委任・準委任のように当事者間の強い信頼関係が求められる場合には、委任における解約自由の原則（民651 Ⅰ）が適用される。また、期間の定めのない税理士顧問契約であるが、即時解約を認めた判例がある（最判昭 58.9.20 判時 1100・55）。

❷ 損害賠償責任

民法651条1項により中途解約をした当事者は、次の場合には、損害賠償責任を負う（新民 651 Ⅱ）。
① 相手方に不利な時期に中途解約したとき
② 委任者が受任者の利益をも目的とする委任を中途解約したとき

新民法により、②の場合に損害賠償義務を負うことが定められ、専ら報酬を得ることは受任者の利益とならないことが明らかとされた（新民 651 Ⅱ②）。この点は、旧民法の下においても、契約が双方のためになされたときには、解約当事者は相手方に損害賠償義務を負うものと解されており、報酬の支払いだけでは、「受任者の利益を目的とする」ものとはならない

というのが判例法理である（前記最判昭58.9.20）。新民法651条2項2号は、かかる判例法理を明文化したものである。

また、解約後の報酬を得られなくなることをもって、不利な時期とはいえないため、受任者が報酬を得られなくなることのみでは、委任者に損害賠償は生じないということになる。

なお、「やむを得ない事由」（信頼関係の破壊など）による解約の場合も損害賠償義務は生じない（新民651Ⅱただし書）。

上記❶の「不利な時期」に関する裁判例を下記に紹介する（この事例は、旧民法時のものであるが、新民法下でも「不利な時期」の解釈の参考になる）。委託者（被告）が契約期間中にエレベーター保守管理業務の委託契約を解除したことに対し、受託者（原告）が債務不履行により残存期間の報酬相当額を損害賠償請求した事案である。本件は、やむを得ない事由を認定することなく、契約期間中の解約の有効性を前提とした判断をしている。

東京地判平15.5.21判時1840・26

民法651条2項の「不利な時期」について、「その委任の内容である事務処理自体に関して受任者が不利益を被るべき時期をいい、したがって、事務処理とは別の報酬の喪失の場合は含まれないものと解される」とし、「原告主張の解約に伴って発生した不利益は、事務処理とは別の報酬の喪失に他ならず、報酬は原告が月々の保守管理サービスを行うことによって発生するものであること、本件解約によって原告において従業員の配置を見直したり従業員を解雇したなどといった事情を認めるに足る証拠はなく、被告が90日間の猶予をもって本件解約通知を行っていることからすると、本件解約は『不利な時期』においてなされた場合に当たらない」とし、損害賠償請求を否定した。

---

❸ 本ケースの考え方

民法651条1項の任意解約権については、その放棄は原則として無効で

あるとの見解が強く、有効と認められる場合は限られている。契約期間の定めがあるだけでは、解除権を放棄したとまでは認められない。それゆえ、民法上の原則に従い、民法651条1項による中途解約が可能である。

　ただし、相手方に不利な時期であったり、受託者の利益をも目的とする契約であったりする場合には、中途解約をすると損害賠償責任を負うことになるので注意が必要である。

巻末資料
(ひな形)

ひな形1　業務委託契約書（請負型）

業務委託契約書

　　（委託者）　（以下「甲」という。）と　　（受託者）　（以下「乙」という。）は、甲が乙に委託する業務に関し、次のとおり契約を締結する。

第1条（委託業務）

　甲は、乙に対し、以下の業務（以下「委託業務」という。）を委託し、乙はこれを受託する。

(1)　委託業務
　①　●●（以下「目的物」という。）の製造
　②　前号に付帯する業務
(2)　納入日：●年●月●日
(3)　納入場所：●●●
(4)　目的物の仕様その他委託業務の具体的な内容は、別紙のとおりとする。

第2条（納入）

1．乙は、甲に対し、前条に従い、目的物を納入する。納入費用は乙の負担とする。
2．乙は、納入日に目的物を納入できない見込が生じた場合、速やかにその理由及び納入予定日を甲に申し出て、甲の指示を受ける。

第3条（検収）

1．前条第1項により乙が目的物を納入した場合、甲は、別紙に定める検査基準に従い、目的物を速やかに検査し、●●日以内に検査の結果を乙に通知する。
2．検査の結果が不合格の場合、乙は、甲の指示に基づき、速やかに目的物を修補し、再度納入するものとする。この場合、前項の規定を準用する。
3．目的物は、甲が乙に検査の合格を通知した時に、検収が完了したものとする。
4．甲が乙に検査の結果を通知しないまま第1項の期間が経過したときは、当該目的物は検査に合格したものとみなす。

第4条（所有権の移転）

目的物の所有権は、前条の検収が完了した時に甲に移転する。

第5条（業務委託料等）

1．業務委託料は●●●円とする。
2．甲は、乙に対し、第3条による検収が完了した日の属する月の翌月末日（同日が金融機関の休日である場合は翌営業日）限り、業務委託料を乙指定の銀行口座に振込により支払う。
3．業務委託料には、第10条第2項及び第3項に基づく権利移転の対価を含むものとする。
4．乙が委託業務を遂行するために支出した費用は、事前に甲が承諾した場合に限り、甲の負担とする。

第6条（危険負担）

目的物の滅失、毀損その他の一切の損害のうち、目的物の引渡し前に生じたものは、甲の責めに帰すべき事由による場合を除き、乙の負担とし、目的物の引渡し以降に生じたものは乙の責めに帰すべき事由による場合を除き、甲の負担とする。

第7条（品質保証）

乙は、委託業務が、別紙に定める委託業務の内容に適合し、甲及び市場の要求に合致する品質であることを保証する。

第8条（品質等担保責任）

甲が、第3条に定める検収完了から1年以内に目的物に「かし」（目的物の性能に応じて通常求められる品質を含む、種類又は品質に関して仕様その他の本契約の内容に適合しない状態をいう。以下同じ。）を発見し、乙に対し、直ちにその旨を通知したときは、乙は、甲の任意の選択に従い、甲の指定する期間内に無償で代品と交換し、若しくは乙の費用負担で修理し、又は代金の減額若しくは返品に応じなければならない。また、乙は、乙の責めに帰すべき事由により、甲が目的物の「かし」により損害を被ったときは、以上の措置に加え、その損害を賠償しなければならない。

第 9 条（製造物責任）
1．目的物の欠陥に起因して事故が発生した場合、乙は、自己の責任と費用負担において当該事故を処理、解決するものとし、甲が損害を被ったときは、甲に対しその損害を賠償しなければならない。ただし、当該欠陥が専ら甲の設計に関する指示に従ったことにより生じ、かつ当該欠陥が生じたことにつき乙に過失がない場合はこの限りではない。
2．目的物の欠陥に起因して事故が発生するおそれがある場合、乙は、自己の責任と費用負担において目的物を市場から回収するものとし、甲が損害を被ったときは、甲に対しその損害を賠償しなければならない。
3．目的物の欠陥が判明したときは、甲及び乙は協力してその原因を究明するものとする。
4．甲及び乙は、目的物の欠陥若しくはそのおそれがあることを知ったとき、又は目的物の欠陥に起因して第三者から苦情又は損害賠償等の請求を受けたときは、直ちに相手方に通知し、損害拡大の防止に努めるものとする。
5．乙は、目的物につき、自己の責任と費用負担において生産物賠償責任保険（製造物責任保険）を、甲と乙を被保険者として付保し、その証書の謄本を甲に交付するものとする。

第 10 条（知的財産権等）
1．乙は、目的物が第三者の一切の知的財産権を侵害しないことを保証する。万一、第三者との間で権利侵害の問題が発生し、又は発生するおそれがあるときは、乙は、甲に対し直ちにその旨を通知し、自己の責任と費用負担で当該問題を解決し、甲に何らの損害も及ぼさない。
2．本契約に基づく業務の遂行の過程で生じた特許権、実用新案権及び意匠権（特許、実用新案及び意匠登録を受ける権利並びにノウハウを含む。以下併せて「特許権等」という。）の帰属については、次のとおりとする。
　(1)　甲が単独で行った発明、考案又は創作（改良、修正及び変更並びに物の発明、方法の発明及び物を生産する方法の発明を含む。以下併せて「発明等」という。）から生じた特許権等については、甲単独に帰属するものとする。
　(2)　乙が単独で行った発明等から生じた特許権等については、乙単独に帰属するものとする。
　(3)　甲及び乙が共同で行った発明等から生じた特許権等については、甲乙が

協議して決定する。
   (4) 上記（2）又は（3）に基づき乙に特許権等の全部又は一部が帰属する場合、又は乙が従前より保有する特許権等を目的物に適用した場合には、乙は甲及び甲の指定する者に対し、当該特許権等について、目的物の使用、販売及び輸出その他必要な範囲で、無償の通常実施権を実施許諾する。
3. 乙から甲に納入された目的物にコンピュータ・プログラム等著作権の対象（以下「プログラム等」という。）が含まれていた場合、その著作権の帰属については、以下のとおりとする。
   (1) 新規に作成されたプログラム等の著作権については、業務委託料を完済した時をもって、乙から甲に譲渡（著作権法第27条及び第28条の権利の譲渡も含む。以下同じ。）されるものとする。ただし、汎用ルーチン、モジュールの権利は乙に留保されるものとし、甲及び甲の指定する者に対し、当該汎用ルーチン、モジュールについて、目的物の使用、販売及び輸出その他必要な範囲で、利用及びその再許諾権を無償で許諾する。
   (2) 甲又は乙が従前から有していたプログラム等の著作権は、それぞれ甲又は乙に帰属するものとする。
   (3) 上記（1）のただし書及び（2）の場合、乙は、甲及び甲の指定する者に対し、当該プログラム等について、目的物の使用、販売及び輸出その他必要な範囲で、著作権法に基づく利用（著作権法に基づく複製権、翻案権等の著作物の利用権をいう。以下同じ。）及びその再許諾権を無償で許諾する。
   (4) 乙は、甲に対し、本項における著作権及びその譲渡につき登録手続きをする義務を負わない。
4. 乙は、前項に基づき著作権を譲渡し、又は著作権法に基づく利用を許諾したプログラム等に関し、著作者人格権を行使しない。

第11条（法令の遵守等）
1. 甲及び乙は、本契約の遂行に際し、国内外の関係法令を遵守するものとする。
2. 乙は、本契約に基づく業務を遂行する人員につき労働基準法、労働安全衛生法、職業安定法その他の関係法令に従い、使用者及び事業主としての一切の責任を負う。

第12条（秘密保持義務）

1. 本契約において秘密情報とは、委託業務遂行に関し、甲及び乙が相手方から開示を受けた情報であって次の各号の一に該当するものをいう。また、秘密情報の複製並びに秘密情報を記載又は記録した媒体は、秘密情報とする。
   (1) 技術、設計、財務、事業計画、企画その他関係する資料の内容が有体物、電磁的記録、電磁的方法その他開示の結果を客観的に認識できる状態により、かつ秘密であることを明示して開示される情報
   (2) 秘密であることを告知したうえで口頭その他前号以外の方法にて開示される情報であって、開示後7日以内に当該情報を記載した書面を秘密である旨の表示を付して交付されたもの
   (3) 性質上又は法令上秘密として取り扱われる情報
2. 前項にかかわらず、次の各号の一に該当することを被開示者が証明できる情報は、本契約における秘密情報として取り扱わないものとする。
   (1) 開示の時、既に公知であった情報
   (2) 開示後、被開示者の責めに帰すべき事由によらず、公知となった情報
   (3) 開示の時に既に被開示者が保有していた情報
   (4) 正当な権原を有する第三者から適法に入手した情報
   (5) 被開示者が開示を受けた秘密情報によらずに独自に開発した情報
   (6) 開示者が秘密保持義務を課することなく第三者に開示した開示者の情報
   (7) 秘密にしないことにつき開示者の事前の書面による同意がある情報
3. 甲及び乙は、善良なる管理者の注意をもって秘密情報を管理するものとし、事前の書面による相手方の承諾を得ることなく、秘密情報を委託業務遂行以外の目的に使用し、又は第三者に開示しない。
4. 甲及び乙は、秘密情報を、当該秘密情報を知る必要のある最小限の自己の役員、従業員（派遣従業員を含む。）、関係会社（「財務諸表等の用語、様式及び作成方法に関する規則」の定義による。）におけるこれらと同様の者、弁護士又は公認会計士のみに開示するものとし、当該被開示者に対して本契約と同等の義務を負わせるものとする。
5. 甲及び乙は、国、地方公共団体、裁判所その他これらに準ずる機関から法令上の根拠に基づき相手方の秘密情報の開示を求められたときは、直ちに相手方と協議を行い、法令上強制される必要最小限の範囲、方法により当該機関に対し開示を行うものとする。

6．甲及び乙は、本目的のために合理的に必要な最小限度の範囲で行う場合を除き、事前の書面による相手方の承諾を得ることなく、秘密情報を複製（プリントアウトを含む。以下「複製」という。）しない。また、甲及び乙は、秘密情報を複製した場合、当該複製につき、開示者の秘密情報である旨の表示を付し、原本と同等の保管・管理をするものとする。

7．甲及び乙は、本契約が終了した時又は相手方が求めた場合はいつでも、秘密情報及びその複製を直ちに相手方に返還又は相手方の許諾を得て廃棄し、また、相手方の求めに応じ、これらすべてを返還又は廃棄した旨の確約書を相手方に交付するものとする。

8．甲及び乙は、秘密情報につき、漏出、紛失、盗難、押収等の事故が発生した場合、直ちにその旨を相手方に連絡し、相手方の指示に従い適切な対応をするものとする。

9．本条は、第6項及び第7項を除き、本契約終了後も●年間効力を有する。

第13条（再委託）

1．乙は、甲の書面による事前の承諾を得ない限り、委託業務の全部又は一部を第三者に再委託してはならない。

2．乙が、委託業務の全部又は一部を第三者に再委託する場合、乙は、当該第三者（以下「再委託先」という。）に対し、本契約により乙が負担する義務と同等の義務を課し、再委託先の義務の履行その他の行為について一切の責任を負う。

第14条（損害賠償）

甲及び乙は、本契約の不履行により相手方に損害を与えた場合には、相手方に対し、その損害の賠償をしなければならない。

第15条（権利義務の譲渡）

1．甲及び乙は、本契約から生じる一切の債権を、あらかじめ相手方の書面による承諾がある場合を除き、第三者に譲渡してはならない。

2．前項にかかわらず、甲又は乙が、相手方の事前の書面による承諾を得ずに、本契約から生じる金銭債権を第三者に譲渡し、その旨を相手方に通知したときは、相手方は、任意に次の対応をすることができ、この場合、当該債権につき

一切免責されるものとする。
(1) 譲受人とされた者に弁済すること。
(2) 供託所に供託すること。

第 16 条（通知義務）

甲及び乙は、次の各号の一に該当する事実が生じたときは、速やかに相手方に通知しなければならない。
(1) 第 18 条第 1 項第 2 号ないし第 9 号の一に該当したとき
(2) 住所、代表者、商号、その他取引上の重要な事項に変更が生じたとき

第 17 条（反社会的勢力）

1．甲及び乙は、次の各号に定める事項を表明し、保証する。
(1) 自らが暴力団、暴力団員、暴力団準構成員、暴力団関係企業、総会屋等、社会運動等標ぼうゴロ又は特殊知能暴力集団等その他暴力、威力、詐欺的手法を駆使して経済的利益を追求する集団又は個人（以下併せて「反社会的勢力」という。）でないこと及びなかったこと。
(2) 自己の役員及び主要な職員が反社会的勢力でないこと。
(3) 自己の主要な出資者その他経営を支配していると認められる者が反社会的勢力でないこと。
(4) 直接、間接を問わず、反社会的勢力が自己の経営に関与していないこと。
(5) 反社会的勢力に対して資金等の提供ないし便宜の供与等をしていないこと。
(6) 反社会的勢力を利用しないこと。

2．甲及び乙は、自ら又は第三者をして次の各号に定める行為をしないことを表明し、保証する。
(1) 相手方又は第三者に対する「暴力団員による不当な行為の防止等に関する法律」第 9 条各号に定める暴力的要求行為
(2) 相手方又は第三者に対する法的な責任を超えた不当な要求行為
(3) 相手方に対し、脅迫的な言動又は暴力を用いる行為
(4) 偽計又は威力を用いて相手方の業務を妨害し、又は信用を毀損する行為

3．甲及び乙は、前 2 項の規定を、自己の委託先及び調達先（以下「委託先等」という。）にも遵守させるものとし、相手方がこれに違反した場合、相手方に

対し、委託先等との契約の解除その他の必要な措置を講ずるように請求することができる。
4．甲及び乙は、自己の委託先等が第1項及び第2項の規定に違反している事実が判明した場合、直ちに相手方にその事実を報告する。
5．甲又は乙は、相手方に第1項及び第2項の保証に反する事実が発覚（報道されたことを含む。）したとき、又は第3項の請求にかかわらず、相手方が速やかにこれに応じなかったときは、何らの催告なしに、本契約その他甲乙間で締結したすべての契約（以下併せて「本契約等」という。）の全部又は一部を解除することができる。
6．前項の規定により、本契約等が解除された場合であっても、解除された当事者は相手方に対し、何ら名目を問わず、解除に関し一切の請求をしない。

第18条（契約の解除等）
1．甲及び乙は、相手方が次の各号の一に該当したときは、何らの催告なしに、本契約の全部又は一部を解除することができる。
  (1) 本契約に違反し、相当の期間を定めて催告したにもかかわらずこれを是正しないとき
  (2) 約定の期間内に本契約を履行する見込がないと認められるとき
  (3) 仮差押、差押、強制執行若しくは競売の申立てがあり、若しくは滞納処分を受け、又はそれらのおそれがあると認められるとき
  (4) 破産手続開始、民事再生手続開始、会社更生手続開始若しくは特別清算等の申立てがあったとき、又はそれらの手続開始等の要件に該当する事由があると認められるとき
  (5) 支払停止若しくは支払不能に陥ったとき、又はその振出、保証、裏書、引受をした手形若しくは小切手が不渡りになったとき
  (6) 重要な事業の停止、廃止、譲渡又は解散（合併による消滅の場合を含む。）の決議をしたとき
  (7) 合併その他の組織再編又は株主構成若しくは役員の変動等により実質的支配関係が変化したとき
  (8) 重大な契約違反又は背信行為があったとき
  (9) 上記各号の一に準ずる事由その他本契約の継続を困難とする事由が発生したとき

2．甲及び乙が前項各号の一に該当した場合、何ら通知、催告なく当然に期限の利益を喪失し、直ちに相手方に対し債務を履行しなければならない。

第19条（契約終了時の取扱い）
1．理由の如何にかかわらず、目的物の納入前に本契約が終了したときは、甲は、乙に対し、目的物の仕掛品の引渡しを求めることができる。この場合、引渡しを受けた目的物を検査し、乙に対し、相当対価を支払う。
2．乙が目的物を完成できなくなった場合又は本契約が解除された場合において、甲の責めに帰することができる事由によるときを除き、民法第634条は適用されないものとする。

第20条（協議事項）
　本契約に関する疑義又は定めのない事項については、甲乙誠意をもって協議し、決定する。

第21条（管轄）
　本契約の準拠法は日本法とし、本契約に関して紛争が生じ、前条によっても解決できない場合には東京地方裁判所を第一審の専属的合意管轄裁判所とする。

本契約の成立を証するため、本書2通を作成し、甲乙記名押印の上、各1通を保有する。

　　　年　　　月　　　日（以下省略）

ひな形2　業務委託契約書（準委任型）

業務委託契約書

　　(委託者)　　（以下「甲」という。）と　　(受託者)　　（以下「乙」という。）は、甲が乙に委託する業務に関し、次のとおり契約を締結する。

第1条（委託業務）

　甲は、乙に対し、以下の業務（以下「委託業務」という。）を委託し、乙はこれを受託する。

(1)　委託業務

　　　①　●●に関する業務

　　　②　業務報告書の提出

　　　③　前各号に付帯する業務

(2)　契約期間：●年●月●日～●年●月●日

(3)　業務提供場所：●●●

(4)　業務委託料：月額●●円

(5)　委託業務の具体的な内容は、別紙のとおりとする。

第2条（委託業務の遂行）

　乙は、善良なる管理者の注意をもって、委託業務を遂行する。

第3条（報告）

1．乙は、毎月●日までに前月の委託業務の遂行状況及びその結果を書面により報告する。

2．乙は、甲が求めたときはいつでも、速やかに委託業務の遂行状況を書面により報告する。

第4条（業務委託料等）

1．甲は、乙に対し、当月分の業務委託料を翌月末日（同日が金融機関の休日である場合は翌営業日）限り、乙指定の銀行口座に振込により支払う。

2．業務委託料には、第6条第2項に基づく権利移転の対価を含むものとする。

3．乙が委託業務を遂行するために支出した費用は、事前に甲が承諾した場合に

限り、甲の負担とする。

第5条（品質保証）
　乙は、委託業務が、別紙に定める委託業務の内容に適合し、甲及び市場の要求に合致する品質であることを保証する。

第6条（知的財産権等）
１．乙は、業務報告書が第三者の一切の知的財産権を侵害しないことを保証する。万一、第三者との間で権利侵害の問題が発生し、又は発生するおそれがあるときは、乙は、甲に対し直ちにその旨を通知し、自己の責任と費用負担で当該問題を解決し、甲に何らの損害も及ぼさない。
２．業務報告書の著作権の帰属については、業務報告書の提出の時をもって、乙から甲に譲渡（著作権法第27条及び第28条の権利の譲渡も含む。以下同じ。）されるものとする。ただし、汎用ルーチン、モジュールの権利は乙に留保されるものとする。なお、乙は、甲に対し、本項における著作権及びその譲渡につき登録手続きをする義務を負わない。
３．乙は、前項に基づき著作権を譲渡し、又は著作権法に基づく利用を許諾した業務報告書に関し、著作者人格権を行使しない。

第7条（法令の遵守等）
１．甲及び乙は、本契約の遂行に際し、国内外の関係法令を遵守するものとする。
２．乙は、本契約に基づく業務を遂行する人員につき労働基準法、労働安全衛生法、職業安定法その他の関係法令に従い、使用者及び事業主としての一切の責任を負う。

第8条（秘密保持義務）
１．本契約において秘密情報とは、委託業務遂行に関し、甲及び乙が相手方から開示を受けた情報であって次の各号の一に該当するものをいう。また、秘密情報の複製並びに秘密情報を記載又は記録した媒体は、秘密情報とする。
　（1）　技術、設計、財務、事業計画、企画その他関係する資料の内容が有体物、電磁的記録、電磁的方法その他開示の結果を客観的に認識できる状態により、かつ秘密であることを明示して開示される情報

    (2) 秘密であることを告知したうえで口頭その他前号以外の方法にて開示される情報であって、開示後7日以内に当該情報を記載した書面を秘密である旨の表示を付して交付されたもの
    (3) 性質上又は法令上秘密として取り扱われる情報
2．前項にかかわらず、次の各号の一に該当することを被開示者が証明できる情報は、本契約における秘密情報として取り扱わないものとする。
    (1) 開示の時、既に公知であった情報
    (2) 開示後、被開示者の責めに帰すべき事由によらず、公知となった情報
    (3) 開示の時に既に被開示者が保有していた情報
    (4) 正当な権原を有する第三者から適法に入手した情報
    (5) 被開示者が開示を受けた秘密情報によらずに独自に開発した情報
    (6) 開示者が秘密保持義務を課すことなく第三者に開示した開示者の情報
    (7) 秘密にしないことにつき開示者の事前の書面による同意がある情報
3．甲及び乙は、善良なる管理者の注意をもって秘密情報を管理するものとし、事前の書面による相手方の承諾を得ることなく、秘密情報を委託業務遂行以外の目的に使用し、又は第三者に開示しない。
4．甲及び乙は、秘密情報を、当該秘密情報を知る必要のある最小限の自己の役員、従業員（派遣従業員を含む。）、関係会社（「財務諸表等の用語、様式及び作成方法に関する規則」の定義による。）におけるこれらと同様の者、弁護士又は公認会計士のみに開示するものとし、当該被開示者に対して本契約と同等の義務を負わせるものとする。
5．甲及び乙は、国、地方公共団体、裁判所その他これらに準ずる機関から法令上の根拠に基づき相手方の秘密情報の開示を求められたときは、直ちに相手方と協議を行い、法令上強制される必要最小限の範囲、方法により当該機関に対し開示を行うものとする。
6．甲及び乙は、本目的のために合理的に必要な最小限度の範囲で行う場合を除き、事前の書面による相手方の承諾を得ることなく、秘密情報を複製（プリントアウトを含む。以下「複製」という。）しない。また、甲及び乙は、秘密情報を複製した場合、当該複製につき、開示者の秘密情報である旨の表示を付し、原本と同等の保管・管理をするものとする。

7．甲及び乙は、本契約が終了した時又は相手方が求めた場合はいつでも、秘密情報及びその複製を直ちに相手方に返還又は相手方の許諾を得て廃棄し、また、相手方の求めに応じ、これらすべてを返還又は廃棄した旨の確約書を相手方に交付するものとする。
8．甲及び乙は、秘密情報につき、漏出、紛失、盗難、押収等の事故が発生した場合、直ちにその旨を相手方に連絡し、相手方の指示に従い適切な対応をするものとする。
9．本条は、第6項及び第7項を除き、本契約終了後も●年間効力を有する。

第9条（再委託）
1．乙は、甲の書面による事前の承諾を得ない限り、委託業務の全部又は一部を第三者に再委託してはならない。
2．乙が、委託業務の全部又は一部を第三者に再委託する場合、乙は、当該第三者（以下「再委託先」という。）に対し、本契約により乙が負担する義務と同等の義務を課し、再委託先の義務の履行その他の行為について一切の責任を負う。

第10条（損害賠償）
　　甲及び乙は、本契約の不履行により相手方に損害を与えた場合には、相手方に対し、その損害の賠償をしなければならない。

第11条（権利義務の譲渡）
1．甲及び乙は、本契約から生じる一切の債権を、あらかじめ相手方の書面による承諾がある場合を除き、第三者に譲渡してはならない。
2．前項にかかわらず、甲又は乙が、相手方の事前の書面による承諾を得ずに、本契約から生じる金銭債権を第三者に譲渡し、その旨を相手方に通知したときは、相手方は、任意に次の対応をすることができ、この場合、当該債権につき一切免責されるものとする。
　(1)　譲受人とされた者に弁済すること。
　(2)　供託所に供託すること。

第12条（通知義務）
　甲及び乙は、次の各号の一に該当する事実が生じたときは、速やかに相手方に通知しなければならない。
(1)　第14条第1項第2号ないし第9号の一に該当したとき
(2)　住所、代表者、商号、その他取引上の重要な事項に変更が生じたとき

第13条（反社会的勢力）
1．甲及び乙は、次の各号に定める事項を表明し、保証する。
(1)　自らが暴力団、暴力団員、暴力団準構成員、暴力団関係企業、総会屋等、社会運動等標ぼうゴロ又は特殊知能暴力集団等その他暴力、威力、詐欺的手法を駆使して経済的利益を追求する集団又は個人（以下併せて「反社会的勢力」という。）でないこと及びなかったこと。
(2)　自己の役員及び主要な職員が反社会的勢力でないこと。
(3)　自己の主要な出資者その他経営を支配していると認められる者が反社会的勢力でないこと。
(4)　直接、間接を問わず、反社会的勢力が自己の経営に関与していないこと。
(5)　反社会的勢力に対して資金等の提供ないし便宜の供与等をしていないこと。
(6)　反社会的勢力を利用しないこと。
2．甲及び乙は、自ら又は第三者をして次の各号に定める行為をしないことを表明し、保証する。
(1)　相手方又は第三者に対する「暴力団員による不当な行為の防止等に関する法律」第9条各号に定める暴力的要求行為
(2)　相手方又は第三者に対する法的な責任を超えた不当な要求行為
(3)　相手方に対し、脅迫的な言動又は暴力を用いる行為
(4)　偽計又は威力を用いて相手方の業務を妨害し、又は信用を毀損する行為
3．甲及び乙は、前2項の規定を、自己の委託先及び調達先（以下「委託先等」という。）にも遵守させるものとし、相手方がこれに違反した場合、相手方に対し、委託先等との契約の解除その他の必要な措置を講ずるように請求することができる。
4．甲及び乙は、自己の委託先等が第1項及び第2項の規定に違反している事実が判明した場合、直ちに相手方にその事実を報告する。

5．甲又は乙は、相手方に第1項及び第2項の保証に反する事実が発覚（報道されたことを含む。）したとき、又は第3項の請求にかかわらず、相手方が速やかにこれに応じなかったときは、何らの催告なしに、本契約その他甲乙間で締結したすべての契約（以下併せて「本契約等」という。）の全部又は一部を解除することができる。

6．前項の規定により、本契約等が解除された場合であっても、解除された当事者は相手方に対し、何ら名目を問わず、解除に関し一切の請求をしない。

第14条（契約の解除等）

1．甲及び乙は、相手方が次の各号の一に該当したときは、何らの催告なしに、本契約の全部又は一部を解除することができる。
   (1) 本契約に違反し、相手方が相当の期間を定めて催告したにもかかわらずこれを是正しないとき
   (2) 約定の期間内に本契約を履行する見込がないと認められるとき
   (3) 仮差押、差押、強制執行若しくは競売の申立てがあり、若しくは滞納処分を受け、又はそれらのおそれがあると認められるとき
   (4) 破産手続開始、民事再生手続開始、会社更生手続開始若しくは特別清算等の申立てがあったとき、又はそれらの手続開始等の要件に該当する事由があると認められるとき
   (5) 支払停止若しくは支払不能に陥ったとき、又はその振出、保証、裏書、引受をした手形若しくは小切手が不渡りになったとき
   (6) 重要な事業の停止、廃止、譲渡又は解散（合併による消滅の場合を含む。）の決議をしたとき
   (7) 合併その他の組織再編又は株主構成若しくは役員の変動等により実質的支配関係が変化したとき
   (8) 重大な契約違反又は背信行為があったとき
   (9) 上記各号の一に準ずる事由その他本契約の継続を困難とする事由が発生したとき

2．甲及び乙が前項各号の一に該当した場合、何ら通知、催告なく当然に期限の利益を喪失し、直ちに相手方に対し債務を履行しなければならない。

3．甲が本契約又は他の契約に基づく債務の支払いを遅延したときは、乙は、委託業務の遂行を中止することができる。ただし、甲が乙に対し相当の担保を提

供した場合は、乙は、委託業務を遂行しなければならない。

第15条（解約）
　甲は、本契約期間中といえども、乙に対し解約日から契約期間満了日までの業務委託料相当額を違約金として支払うことにより、本契約を解約することができる。

第16条（協議事項）
　本契約に関する疑義又は定めのない事項については、甲乙誠意をもって協議し、決定する。

第17条（管轄）
　本契約の準拠法は日本法とし、本契約に関して紛争が生じ、前条によっても解決できない場合には東京地方裁判所を第一審の専属的合意管轄裁判所とする。

本契約の成立を証するため、本書2通を作成し、甲乙記名押印の上、各1通を保有する。

　　　　年　　　月　　　日（以下省略）

編者・著者紹介

出澤総合法律事務所
東京都千代田区麹町3-2-5　垣見麹町ビル別館5階
TEL 03-5215-2293　URL http://www.idesawalaw.gr.jp/

　企業法務を中心に、日々の契約書審査から、IPO支援、法務デューディリジェンス、コンプライアンス・レビュー、労働審判、保全、訴訟まで、専門性を生かした業務を行う。公益通報外部窓口としての対応も多く実績を積んでいる。また、依頼者とともに法律知識のレベルアップを図るために、法律セミナーや各種研修を定期的に開催し、さらに、リーガルサービスに留まることなく、幅広く経営、マーケティング、会計等ビジネス分野の研究も深め、より価値の高いサービスの提供ができるよう努力をしている。

出澤　秀二（いでさわ　しゅうじ）
弁護士（1983年登録）、一橋大学法学部卒業
出澤総合法律事務所代表弁護士。電子認証審査委員会委員（国土交通省）、司法研修所民事弁護教官、法制審議会成年年齢部会委員（法務省）など歴任。共著に『モデル文例つき英文契約書の知識と実務』（日本実業出版社）、『詳解 営業秘密管理』（新日本法規）など。契約書作成の実務をはじめ多数のセミナーの講師を務める。

丸野　登紀子（まるの　ときこ）　担当：第2章Ⅰ、Ⅲ〜Ⅹ、第3章Ⅰ、Ⅱ、Ⅳ、Ⅴ、第4章
弁護士（2002年登録）、中央大学法学部卒業
出澤総合法律事務所所属。共著に『最新判例にみる不法行為法の実務』（新日本法規）、論考に「裁判例に見る業務委託において生じやすい紛争類型と対策」（レクシスネクシス・ジャパン、*BUSINESS LAW JOURNAL* 2011年11月号〈NO. 44〉）など。コンプライアンス、労務、個人情報保護法など多数のセミナーの講師を務める。

大賀　祥大（おおが　よしひろ）
弁護士（2005年登録）、東京大学法学部卒業
Queen Mary University of London, School of Law　卒業（LL. M. in Banking and Finance Law）
出澤総合法律事務所所属。中小企業経営力強化支援法に基づく経営革新等支援機関
論考に「アセットマネージャー・プロパティマネージャー倒産時の法律関係に関する諸問題」（不動産証券化協会『ARES不動産証券化ジャーナル』）など。不動産取引のリスクマネジメント、英文契約書の読み方など多数のセミナーの講師を務める。

牛山　琢文（うしやま　たくふみ）担当：第1章
弁護士（2001年登録）、早稲田大学法学部卒業
稲葉総合法律事務所パートナー弁護士。不動産、不動産証券化、不動産ファンドに関する案件、エネルギーその他のプロジェクト（PFI・PPP）におけるプロジェクトファイナンス、LBOファイナンス等のストラクチャードファイナンスに関する案件を中心として取り扱う。各種社内セミナー講師、各種委員歴任。
論考に「一括競売等の担保法に係わるその他の民法改正」（一般社団法人　金融財政事情研究会『事業再生と債権管理』109号30頁）。

若狭　一行（わかさ　かずゆき）担当：第2章Ⅱ、第3章Ⅲ
弁護士（2003年登録）、ニューヨーク州弁護士（2011年登録）、東京大学法学部卒業
Harvard Law School 卒業（LL. M.）
アンダーソン・毛利・友常法律事務所所属。不動産流動化・証券化やプロジェクトファイナンスに関する契約書の作成・検討や、金融商品取引法、不動産特定共同事業法などの法令に関する助言を専門とする。外資系金融機関・海外投資家の関与する国内不動産投資案件の経験も豊富。

稲田　祥子（いなだ　しょうこ）担当：第2章Ⅱ、第3章Ⅲ
弁護士（2014年登録）、東京大学文学部卒業、東京大学法科大学院修了
大手法律事務所勤務を経て、国内金融機関法務部門において企業内弁護士として執務。

実践!! 業務委託契約書審査の実務

2019年7月14日　初版発行
2023年7月24日　6刷発行

編　者　　出澤総合法律事務所
発行者　　佐久間重嘉
発行所　　学　陽　書　房

〒102-0072 東京都千代田区飯田橋1-9-3
営業　電話　03-3261-1111　FAX　03-5211-3300
編集　電話　03-3261-1112
http://www.gakuyo.co.jp/

ブックデザイン／佐藤　博
DTP制作／ニシ工芸　　印刷・製本／大村紙業

★乱丁・落丁本は、送料小社負担にてお取り替えいたします。
ISBN 978-4-313-51169-9 C2032
Ⓒ Idesawa & Partners 2019, Printed in Japan
定価はカバーに表示しています。

JCOPY 〈出版者著作権管理機構 委託出版物〉
本書の無断複製は著作権法上での例外を除き禁じられています。
複製される場合は、そのつど事前に、出版者著作権管理機構（電話03-5244-5088、FAX03-5244-5089、e-mail:info@jcopy.or.jp）の許諾を得てください。

◎好評既刊◎

契約書「審査」の目線を身に付ける!

2020年4月1日施行の新民法対応! 契約書の審査について、問題になりやすい点にしぼり解説。考え方のプロセスからモデル条項までを示す!

実践!! 契約書審査の実務〈改訂版〉

出澤総合法律事務所 [編]
A5判並製／定価＝本体3,300円＋税